Polymath:

Beherrsche mehrere Disziplinen, Lerne neue Fähigkeiten, Denke flexibel und Werde ein außergewöhnlicher Autodidakt

Von Peter Hollins, Autor und Forscher bei petehollins.com

Inhaltsverzeichnis

Kapitel 1. Alleskönner

Benjamin Franklin ist eine der erfolgreichsten und einflussreichsten Persönlichkeiten der amerikanischen Geschichte. Wofür genau war er berühmt? An dieser Stelle wird er meist auf die politische Theorie verwiesen, aber zu seiner eigenen Zeit war er für so ziemlich *alles* bekannt.

Franklin war ein erfolgreicher Erfinder, angesehener Politiker und führender Wissenschaftler. Er beschäftigte sich mit dem Zeitgeschehen, schrieb produktiv über viele Themen und agierte als Diplomat, Staatsmann und leidenschaftlicher Aktivist. Er war ein Geschäftsmann, der viele Organisationen gründete, wie die

Universität von Pennsylvania und die erste Feuerwehr in Philadelphia überhaupt.

Franklin war ein Postmeister und politischer Satiriker. Er erfand einen effizienteren, freistehenden Herd, ein Musikinstrument (die Armonika, falls es Sie interessiert) und eine Bifokalbrille, um mit seiner eigenen Sehschwäche umzugehen. Er beschäftigte sich mit Elektrizität und führte das berühmte Blitz-, Metallschlüssel- und Drachenexperiment durch. Oh, und er war einer der fünf Schlüsselpersonen, die die amerikanische Unabhängigkeitserklärung und die amerikanische Verfassung zusammenstellten.

Seine immensen Beiträge zu den verschiedensten Bereichen stellen die Frage, wo die Vereinigten Staaten von Amerika ohne Benjamin Franklin überhaupt wären. Viele Schulkinder glauben versehentlich, dass er irgendwann einmal Präsident war – das stimmt zwar nicht, aber es ist nicht schwer, sich vorzustellen, dass der Mann neben den unzähligen anderen Projekten, Erfindungen und Unternehmungen, die er leitete, Zeit fand, ein Land zu führen.

Wofür ist Benjamin Franklin also berühmt?

Man könnte sagen, dass ihn diese schiere *Breite* des Wissens auszeichnet – er ist also ein „Polymath". Dieser Begriff aus dem Griechischen bedeutet „viel gelernt haben" und wurde scheinbar für Männer wie Franklin gemacht. Polymathen haben Kenntnisse in einer Vielzahl von Fächern und Bereichen, anstatt sich nur auf eines zu spezialisieren. Sie sind in mehreren Disziplinen bewandert und scheinen auf dem Gebiet der menschlichen Forschung selbst zu gedeihen, jenseits der Grenzen, die wir zwischen den Kategorien des Studiums ziehen. Die berühmtesten Universalgelehrten der Welt mischen akademische Felder oder schaffen neue von Grund auf. Sie sind die Quintessenz der „Renaissancemenschen", die ein wenig (oder viel) von allem können und uns inspirieren, uns vorzustellen, wo die Grenzen des menschlichen Verstehens und Lernens wirklich liegen. Es scheint, als besäßen sie Superkräfte, wenn man ihre

Fähigkeiten in mehreren Wissensgebieten bedenkt. Andere berühmte Universalgelehrte sind auch Menschen, die Sie mit Namen und Ruf kennen – Leonardo da Vinci, Rene Descartes, Elon Musk, Platon, Isaac Newton, Galileo, Michelangelo, Archimedes und so weiter. Es ist vielleicht nicht möglich, das Niveau dieser Menschen zu erreichen, aber das Streben nach Polymathismus ist etwas, das Ihr Leben sehr wohl zu neuen Höhen führen kann. Anstatt eine angeborene Eigenschaft zu sein, kann sie von jedem erlernt und kultiviert werden – auch von Ihnen.

In diesem Buch geht es darum, was es bedeutet, ein Universalgelehrter, ein Renaissance-Mensch und ein vielseitiger Autodidakt (jemand, der „sich selbst lehrt") zu werden. In unserer komplexen modernen Welt der immer engeren Spezialisierung können wir uns stattdessen dafür entscheiden, uns ganzheitlich zu entwickeln – unser Bestes in den Wissenschaften, der Kunst, der Politik, der Akademik, der Technik, dem Sozialen, der Literatur, dem Sport und den spirituellen Angelegenheiten zu geben.

Unser Ziel als aufstrebende Polymathen ist es daher, die Art von gut abgerundeten und mehrfach vollendeten Menschen zu werden, die *all* diese Dinge mit einem gewissen Grad an Kompetenz tun können. Der Name des Spiels ist Entwicklung, Lernen und Beherrschung – in welchen Bereichen wir uns entwickeln, ist fast nebensächlich.

Meister von Nichts

Kennen Sie den Ausdruck "Tausendsassa, Meister in nichts"? Es ist keine positive Konnotation, die wir mit Menschen assoziieren, die viele Interessen haben und ihre Zeit großzügig aufteilen.

Obwohl wir intellektuelle Kraftpakete wie Benjamin Franklin verehren, sind einige von uns im wirklichen Leben abweisend gegenüber Menschen, die umherschweifen, sich nie auf einem Gebiet niederlassen, sondern mehrere (manchmal sehr unterschiedliche) Interessen unterhalten. Die Debatte zwischen dem Generalisten und dem Spezialisten hält an und ist im Laufe der Geschichte immer wieder in Ungnade gefallen. Wenn man sich die prominentesten und erfolgreichsten Wissenschaftler ansieht, ist es leicht zu erkennen, dass die meisten von ihnen entschiedene Generalisten waren. Anstatt einen oberflächlichen und ineffektiven Ansatz zu verfolgen, schienen sie stattdessen sogar mehr zu erreichen, weil sie mehrere Interessen zu einem Zeitpunkt hatten.

Ultra-erfolgreiche Unternehmer sind auch dafür bekannt, dass sie sich vielseitig betätigen und weiterhin Projekte aller Art in Angriff nehmen, nachdem sie in einem Bereich erfolgreich waren. Wir könnten argumentieren, dass diese Menschen alle Genies sind, die sich mit mehreren Disziplinen beschäftigt haben, *weil* sie klug und erfolgreich waren, und nicht, weil ihr Erfolg zum Teil auf ihrer Vielseitigkeit beruhte.

Andererseits gibt es inzwischen mehrere überzeugende Studien, die einen Zusammenhang zwischen den Leistungen einer Person und der Anzahl der ausgeprägten Interessen und Fähigkeiten zeigen, die sie besitzt. Eine Arbeit von

Robert Root-Bernstein aus dem Jahr 2009 untersuchte Daten von Nobelpreisträgern aller Disziplinen und fand eine starke Verbindung zwischen Kreativität und dem Status eines Polymaths, was die Idee in Frage stellt, dass Spezialisierung für den Erfolg erforderlich ist.

Schauen wir uns das einmal genauer an. Wenn die meisten Leute über berühmte Polymathen sprechen, meinen sie Menschen, die nicht nur Kompetenzen in verschiedenen Bereichen erworben haben, sondern die es schaffen, diese Fähigkeiten kreativ *zu integrieren* – und die Summe ist zwangsläufig größer als die Teile!

Dies sind die Menschen, die nicht nur eine Art von Problem (und damit auch eine Art von Lösung) beherrschen, sondern die das *Lernen* selbst beherrschen. Sie sind in der Lage, Ideen, Methoden und Lösungen aus dem gesamten reichen Fundus der Menschheit zu mischen und zu kombinieren, was ihnen oft ermöglicht, bahnbrechende Ideen zu entwickeln. Viele der wahren Sprünge in einem bestimmten Bereich oder einer Wissenschaft kamen von intelligenten Besuchern aus anderen Disziplinen, die eine frische Perspektive einbrachten und einen Weg fanden, Material zum Nutzen beider Bereiche zu verknüpfen – oder sogar einen völlig neuen Zweig zu schaffen.

Stellen Sie sich eine T-Form vor. Der horizontale Balken oben steht für die *Breite* des Wissens über alle Bereiche hinweg, während der vertikale Balken die *Tiefe* des Wissens in nur einem Bereich darstellt. Wenn Sie Malcolm Gladwells *„Überflieger"* gelesen haben, kennen Sie vielleicht die „10.000-Stunden-Regel", die besagt, dass 10.000 Stunden absichtliches, qualitativ hochwertiges Üben einen zu einem Experten auf einem bestimmten Gebiet machen. Aber das trifft vielleicht nicht wirklich auf Polymathen zu – sie scheinen tiefe Durchbrüche zu machen, ohne die Stunden zu investieren.

Es scheint, als ob die kreative Kombination von Fähigkeiten über verschiedene Disziplinen hinweg schnellere Durchbrüche ermöglicht als das bloße Hämmern in nur einem Bereich, ohne Kenntnis von irgendetwas anderem in anderen Domänen. Wenn es um geschäftliche oder unternehmerische Polymathen geht, wird noch etwas anderes deutlich: Ein Generalist zu sein, bedeutet oft viel weniger Wettbewerb – es ist ein offenes Feld. Eine T-Form ist nicht das Ziel für einen Polymathen, eher eine Pi-Form oder sogar eine Kammform, die die Tiefe des Wissens in mehreren Bereichen repräsentiert. Die spezifischen Kombinationen dieser Bereiche sind es, wo die Magie passiert.

Charles Darwin, Elon Musk und Leonardo da Vinci sind berühmte Universalgelehrte, aber Sie müssen nicht ihr Niveau erreichen, um von ihrem Ansatz zu profitieren. Man braucht nicht mehrere Abschlüsse oder muss sich mit den gleichen Themen beschäftigen (Physik, Politik, Wirtschaft und Literatur sind alle verbreitet – aber anstatt anzunehmen, dass es etwas Grundsätzliches an diesen Themen gibt, sollte man sich fragen, *warum sich* ein Polymath zu ihnen hingezogen fühlt).

Ein Polymath zu sein, erfordert eine Art Perspektivenwechsel: Anstatt in einem einzigen Rennen so weit wie möglich zu rennen, öffnen Sie Ihr Wahrnehmungsfeld, um so viel wie möglich aufzunehmen, und ziehen atypische Verbindungen, um das Wissen, das Sie bereits haben, auf überraschende Weise zu verknüpfen. Seien Sie forschend und mutig im Denken; stellen Sie ungewöhnliche Fragen und bringen Sie Dinge zusammen, die normalerweise getrennt sind, nur um zu sehen, was passiert.

Eine Person könnte in einem gewöhnlichen Bürojob arbeiten und zum Beispiel digitales Marketing betreiben. Aber vielleicht ist sie in ihrer Freizeit ein gefräßiger Leser, ein aktives Mitglied in der lokalen Politik und ein regelmäßiger Mitwirkender in einer Gruppe von Belletristik-Magazinen, die Gedichte und Kurzgeschichten veröffentlichen.

Eine solche Person könnte z.B. ihr Wissen über das psychologische „Spiel"-Modell von Eric Berne zusammen mit einem scharfen Verständnis des politischen Klimas in der Region nutzen, um ein neues „Reputationsmanagement-Paket" für ihre

Kunden zu entwerfen und damit eine Beförderung zur Leitung dieser neuen Abteilung im Unternehmen zu gewinnen.

Anstatt einfach in denselben alten konzeptionellen Furchen zu ackern, nutzt diese Person eine *kreative Mischung* aus ihren Fähigkeiten und ihrer Wissensbasis, um sich selbst am Arbeitsplatz voranzubringen und buchstäblich neue, potenziell lukrative Wege zu eröffnen. Wie es bei vielen Polymathen der Fall ist, erschaffen sie fast ihre eigenen Jobs und Rollen, indem sie ihre einzigartige Persönlichkeit und die Kombination ihrer Fähigkeiten nutzen, um genau das zu verfolgen, was sie interessiert – oft mit Gewinn.

Es mag sein, dass wir in unserer modernen Welt diejenigen belohnen, die im Angesicht von unglaublichem Wettbewerb und Komplexität synthetisieren, vernetzen und erschaffen können. Wie E.M. Forster bekanntermaßen riet: „schaffen Sie nur Verbindungen". Lesen Sie Ihr Chemiebuch aus der Perspektive der Literatur. Fragen Sie sich, was der kommunistische Philosoph

Karl Marx über die Gig Economy sagen würde. Wenn Sie sich für Kochen, Psychotherapie, Gender Studies und Wirtschaft interessieren, warum experimentieren Sie dann nicht mit einer rein männlichen „Kochtherapie"-Gruppe, in der ältere Männer heilsame Verbindungen untereinander aufbauen können, während sie lernen, nach einer Scheidung für sich selbst zu kochen?

Obwohl wir in einer Welt leben, die im wahrsten Sinne des Wortes von Universalgelehrten wie Jeff Bezos regiert wird, klammern sich die meisten von uns leider immer noch an die konventionelle Weisheit, die die Idee von unterschiedlichen Disziplinen überhaupt erst künstlich erzeugt. Wir alle sind auf Schulen gegangen, die den Lehrplan in Stücke zerlegt haben. Wie viele von uns glauben, dass einige Menschen künstlerische, sprachliche Typen sind und andere mathematisch-naturwissenschaftliche Typen, und dass die beiden niemals viel miteinander zu tun haben können? Wahre Polymathen ignorieren solche Einschränkungen. Vielfalt ist für sie ein Segen, und je mehr Interessen, desto besser.

In diesem Buch werden wir nicht nur all die Arten betrachten, in denen der Mensch von Natur aus polymathisch ist, sondern auch die sehr guten Gründe untersuchen, warum Sie diese Fähigkeit in sich selbst verstärken möchten, nicht nur zur persönlichen Erfüllung, sondern auch für akademischen und finanziellen Erfolg.

Um ein Spezialist zu sein, müssen Sie in nur einer Disziplin zu den besten 1 Prozent gehören (zum Beispiel). Ein Polymath wird in, sagen wir, den Top 25 Prozent von drei oder mehr Disziplinen performen. Und hier sehen Sie den ersten Hauptvorteil: Ein Polymath zu sein, ist aus dieser Sicht tatsächlich einfacher. Sie können sich schneller in den Top 25 Prozent wiederfinden als im 1 Prozent. Wie Sie das schaffen? Nun, man „steht auf den Schultern von Giganten". Sie müssen das Rad nicht jedes Mal neu erfinden. Ein Teil der unschätzbaren Fähigkeiten eines Polymathen ist das Wissen, wie man schnell die qualitativ hochwertigsten

Informationen findet und synthetisiert. Dieses Konzept, das als „Skill Stacking" bekannt ist, steht im Mittelpunkt eines späteren Kapitels in diesem Buch.

Spezialisten auf der ganzen Welt haben die Schwerstarbeit geleistet und uns einen Nachweis hinterlassen. Sie haben eingehende Tests durchgeführt und zunehmend hochwertiges Wissen angesammelt, während sie weniger robustes Material herausgefiltert haben. Heute sind wir gesegnet, dass wir freien Zugang zu diesen Inhalten haben, zusammen mit Online-Kursen, Videos, kostenlosen Zeitschriftenartikeln aus der Originalforschung und Material aus dem öffentlichen Bereich. Mehr als je zuvor kann jemand, der sich dem Lernen verschrieben hat, ein Wunderland an Ressourcen finden, das praktisch kostenlos ist.

Was Benjamin Franklin mit einem Federkiel, schlechter Sehkraft und ohne Internet tun musste, können wir heute bequem vom Sofa aus tun – und dort weitermachen, wo er aufgehört hat!

Wir mögen es für selbstverständlich halten, aber bedenken Sie die Fülle an Fachwissen, die jetzt über eine einfache Website wie YouTube leicht verfügbar ist. In der Vergangenheit mussten Sie echte Kontakte zu anderen Experten knüpfen, in die Bibliothek gehen oder Dinge auf die harte Tour lernen. Aber heute können Sie sich leicht eine obskure Fähigkeit beibringen, eine neue Sprache lernen, Software von Ihrem Wohnzimmer aus erstellen oder ein internationales Unternehmen an einem Nachmittag gründen.

Manche Menschen schauen auf die Welt und sehen all die großen Ideen als bereits erdacht, all die Erfindungen als bereits geschaffen an. Aber ein Universalgelehrter weiß, dass es unendlich viele Möglichkeiten gibt, das zu kombinieren, was bereits existiert. Wie sonst hätten wir Felder wie die evolutionäre Psychologie oder die Idee der Bauch-Hirn-Achse? Einmal kombiniert, eröffnen diese Felder selbst wieder neue Wege – wie spannend! Für Polymathen gibt es einfach keine Grenzen. Das Wachstum ist exponentiell, wenn Ihre Strategie kombinatorisch ist. Es gibt keine Grenzen, wenn man in vernetzten, ganzheitlichen Bahnen denkt. Das ist der beste Weg, um ein Plateau zu durchbrechen oder ein Problem zu lösen, das unlösbar scheint.

Ein weiterer Vorteil ist die Flexibilität. Beim polymathischen Ansatz geht es um Diversifizierung, und je vielfältiger Ihre Ressourcen sind, desto widerstandsfähiger und anpassungsfähiger sind Sie gegenüber Veränderungen. Es geht ein wenig weiter als die Zukunftssicherung der eigenen Karriere – ein echter Polymath gestaltet seine eigene Karriere. Sie müssen sich keine Sorgen machen, in sterbenden Branchen zurückgelassen zu werden; sie sind diejenigen, die an der Spitze stehen und die neuen Branchen überhaupt erst wachsen lassen.

Sie werden von Natur aus fragen, was sich entwickelt und was das „nächste große Ding" ist, wenn Sie Ihren Finger am Puls der menschlichen Entwicklung und Evolution haben. Vielleicht haben Sie sogar Erfolg, wenn Sie einer der Ersten sind, der aus einer neuen Idee Kapital schlägt, für die sich andere noch nicht die Zeit genommen haben, sie zu erforschen. Keiner von uns kann die Zukunft vorhersagen, aber es liegt auf der Hand: Je mehr Möglichkeiten Sie haben, desto wahrscheinlicher ist es, dass eine davon zum Zuge kommt. Folglich haben Sie andere Dinge, auf die Sie zurückgreifen können, falls eines Ihrer Projekte scheitert.

Schließlich gibt es noch einen subtileren Vorteil, ein Universalgelehrter zu sein, wenn wir uns in die Zukunft bewegen. Die Probleme, mit denen Ben Franklin und seinesgleichen konfrontiert waren, waren immens, aber von einer ganz anderen Größenordnung als die, die wir heute haben. Denken Sie an den Klimawandel, die Ungleichheit des Wohlstands auf globaler Ebene, politische Instabilität oder die Bedrohung durch komplexe neue Krankheiten.

Da Probleme wie diese kompliziert und unmöglich groß sind, *brauchen* sie einen integrierten Ansatz. Die Herausforderungen, vor denen die Menschheit im Moment steht, können nicht von Spezialisten gelöst werden. Sie können jedoch von Universalgelehrten angegangen werden, die es verstehen, das Beste von jedem Spezialisten geschickt zusammenzubringen, um eine Lösung zu schaffen, die so nuanciert und komplex ist wie das Problem selbst. In vielerlei Hinsicht werden die Dilemmas der Zukunft ein wenig kreatives, frisches, unkonventionelles Denken erfordern.

Personen, die diese neue Meta-Fähigkeit vorweisen können, werden sich in allen Bereichen auszeichnen – wie unser Beispiel des Marketingmitarbeiters. Polymathen werden sich nicht nur auf eine zutiefst erfüllende Art und Weise mit dem Leben auseinandersetzen, sie werden auch anderen auf eine Art und Weise Nutzen bringen, die für sie direkt profitabel ist. Originelle Denker sind immer gefragt, und das ist heute mehr denn je der Fall.

Was ist Ihre Form?

Ein Polymath zu sein bedeutet nicht notwendigerweise, dass man sich nach den großen „Renaissancemenschen" der Vergangenheit richten muss, indem man sich dem politischen Leben oder der Ölmalerei oder wissenschaftlichen Experimenten im Keller widmet. In der Tat wird moderne Polymathie deutlich anders aussehen und kann sich sogar auf Gruppen oder Organisationen von Menschen mit unterschiedlichem Fachwissen beziehen. Ihr Ziel als Polymath ist es, ein Generalist zu werden, d.h. die Person, die mit jedem über jedes Thema sprechen kann, weil sie in der Lage ist, Lücken zu überbrücken, Verbindungen zu ziehen und zu *lernen*.

Erinnern Sie sich an die T-Form? Wenn Ihr Fähigkeitsprofil dieser Form ähnelte, wären Sie ein Generalist mit einem flachen Niveau und nur einem Tiefenverständnis in einem Bereich. Das ist definitiv besser, als eine „I"-Form zu sein, mit überhaupt keinem Allgemeinwissen, nur einer Tiefenfertigkeit. Aber es ist nicht so gut wie eine Pi-Form (π), mit zwei Bereichen von Tiefenwissen, oder sogar eine Kammform, mit mehreren Tiefenverzweigungen von einer allgemeineren Wissensbasis.

Aber Sie können noch weiter gehen. Im Grunde genommen wollen Sie als Polymath diversifizieren und die Vorteile der Spezialisierung und Diversifizierung nutzen. Sie brauchen ein gewisses allgemeines Fachwissen, um ein gut ausgewähltes Inventar an tiefer gehendem Wissen in einen Kontext zu stellen. Sie wollen sich nicht in der engen Gasse eines einzigen Unterfangens verlieren und dabei jede Perspektive und Verbindung mit dem Rest der Welt verlieren, und Sie wollen auch nicht nur an der Oberfläche kratzen, ohne das Feld wirklich zu begreifen und als Ergebnis schwache, oberflächliche Verbindungen herzustellen.

Polymathen befinden sich aufgrund ihrer natürlichen intellektuellen Neugierde in ihrer Position. Sie machen sich nicht absichtlich auf den Weg, um ein bestimmtes Kompetenzprofil zu entwickeln, sondern lassen es organisch wachsen, basierend auf ihren eigenen angeborenen Grenzen, den sich bietenden Möglichkeiten um sie herum, ihren Fähigkeiten und Leidenschaften, der Nachfrage aus der Umwelt und so weiter. Einige Aufgaben im Leben eignen sich natürlich besser für einen tiefgründigen Ansatz (sich langsamer entwickelnde

Bereiche, die sehr nuanciert sind) und andere besser für einen generalistischen Ansatz, bei dem man die großen Ideen heraussucht und dann weiterzieht (die sich schneller entwickelnden Bereiche, die sich ohnehin innerhalb weniger Jahre ändern können). Ein Polymath kombiniert beides für maximale Ergebnisse.

Zum Beispiel könnte eine Frau ein sehr allgemeines Wirtschaftsstudium absolviert haben, aber auch ihre anderen Interessen am Leben erhalten. Sie verbringt viel Zeit damit, ein tieferes Verständnis der grundlegenderen und dauerhafteren Geschäftsprinzipien zu erlangen, huscht aber ständig umher, wenn es darum geht, ihr Wissen über eher kurzfristige Interessen zu ergänzen.

Sie nimmt an Kursen zur App-Entwicklung teil, lernt programmieren, engagiert sich ehrenamtlich, hat ein Hobby als Glasbläserin und liest alles, von Selbsthilfebüchern über kontinentale Philosophie, Beat-Poesie, Kunstgeschichte und Horrorromane aus den 60er Jahren. Obwohl sie sicherlich eine

Universalgelehrte ist, konzentriert sie viele ihrer Interessen um das allgemeinere Rückgrat der Betriebswirtschaftslehre, das als Rahmen und Organisationsprinzip dient.

Fügen Sie nun ein weiteres Element hinzu: Zeit. Einige Polymathen jonglieren nicht buchstäblich mit all dem gleichzeitig; sie können sich dafür entscheiden, serielle Spezialisten zu sein, die ein paar Jahre mit jedem Projekt verbringen und eine der Tiefenzacken entwickeln, bevor sie sich einem anderen zuwenden. Eine solche Person sieht vielleicht nicht sofort wie ein Polymath aus, aber mit der Zeit sammelt sie stetig Fähigkeiten, mentale Modelle, Verbindungen und Möglichkeiten an.

Je länger sie arbeiten und studieren, desto mehr Inhalte haben sie zur Verfügung und desto reicher wird ihre Palette. Tatsächlich könnte man die alten Formen ganz aufgeben und in Betracht ziehen, sternförmig zu werden, wobei sich die Interessen in alle Richtungen ausdehnen. Dies ist eine ausgesprochen nicht-lineare Sichtweise und unterstreicht den Wert der Erweiterung der eigenen Fähigkeiten, um die gesamte Spanne menschlicher Bestrebungen abzudecken.

Um selbst ein sternförmiges Profil zu entwickeln, schauen Sie, wie Sie sich in mindestens drei Bereichen in die oberen 25 Prozent bringen können, vorzugsweise aber in mehr. Versuchen Sie, eine körperliche Kunst zu beherrschen (z. B. Laufen oder Tanzen), eine intellektuelle (z. B. Ihre wichtigste berufliche Fähigkeit) und eine soziale oder beziehungsbezogene (Sie könnten einen Beratungskurs belegen, sich ehrenamtlich engagieren oder an einer lokalen politischen Aktion teilnehmen). Dann können Sie auf natürliche Weise damit beginnen, sich auf verwandte Tangenten zu verzweigen – denken Sie daran, Tanzunterricht zu geben, Ihre ehrenamtlichen Erfahrungen zu nutzen, um sich selbst und Ihren Kollegen einen Mehrwert zu verschaffen, und auf Ihr berufliches Netzwerk zuzugreifen, um neue Verbindungen und Menschen zu finden, die diese beiden Bestrebungen voranbringen. Auf diese Weise bauen Polymathen ihr eigenes Imperium organisch aus – indem sie kreative Verbindungen zwischen nur wenigen Schlüsselbereichen herstellen.

David Epsteins Polymathie-Bibel, *Range: Why Generalists Triumph in a Specialized World (Warum Generalisten in einer spezialisierten Welt triumphieren)* untersucht wiederum Nobelpreisträger, und Epstein fand heraus, dass diese Menschen erstaunliche zweiundzwanzig Mal häufiger Amateurtänzer, Schauspieler, Dichter, Bastler und so weiter waren, verglichen mit eher mittelmäßigen Wissenschaftlern. Die Schlussfolgerung ist klar: Ein Alleskönner zu sein, lenkt nicht nur nicht von Ihrer Effektivität in der/den gewählten Disziplin(en) ab, sondern kann sich durchaus positiv auf Ihren Erfolg in mindestens einem dieser Bereiche auswirken.

Marketingexperten sagen immer, dass ein Unternehmen seinen USP klar identifizieren muss – ein Alleinstellungsmerkmal. Für einen Universalgelehrten ist Einzigartigkeit immer eine Selbstverständlichkeit. Sie sind oft erfolgreich, weil sie als Erste wirklich neuartige Verbindungen herstellen.

Elternschaft, Geschäft, Bildung und sogar Sport – es gibt keinen Bereich des Lebens, auf den diese Prinzipien nicht zutreffen. Ein vielseitiges und einzigartiges Individuum zu sein, wird Sie nicht nur mit einer Reihe wertvoller Fähigkeiten ausstatten, auf die Sie zurückgreifen und die Sie kombinieren können, sondern wird auch Ihre fließende Intelligenz und die zugrundeliegende Fähigkeit zu denken, schnell zu lernen, Wissen zu synthetisieren und zu kreieren grundlegend stärken – unabhängig davon, in welcher Disziplin Sie sich befinden.

Die Renaissance-Mentalität

Der Unternehmensberater und Autor Frans Johansson beschreibt den *Medici-Effekt* als das Entstehen neuer Ideen und kreativer Lösungen, wenn unterschiedliche Hintergründe und Disziplinen zusammenkommen. Der Begriff leitet sich von der Familie Medici aus dem 15. Jahrhundert ab, die dazu beitrug, die Renaissance einzuleiten, indem sie Künstler, Schriftsteller, Philosophen, Mathematiker und andere Kreative aus der ganzen Welt zusammenbrachte. Die

Renaissance war wohl ein Ergebnis des Ideenaustauschs zwischen diesen verschiedenen Gruppen, die im Florenz und Rom des 15. Jahrhunderts in unmittelbarer Nähe zueinander lebten. Klingt das bekannt? Wenn Sie nicht in der Lage sind, Ihre eigenen Talente und Fähigkeiten zu diversifizieren, dann könnte es sehr gut sein, dass Sie andere um sich herum haben, um dies zu kompensieren.

Johansson schlägt vor, dass der Medici-Effekt auch in der modernen Geschäftswelt der Schlüssel zur bestmöglichen Erfüllung der Kundenbedürfnisse und zur Maximierung der Gewinne bei gleichzeitiger Minimierung der Kosten ist. Er glaubt, dass alle neuen Ideen aus der Verschmelzung bestehender Begriffe auf kreative Weise entstehen, und empfiehlt, bei der Personalbesetzung eine Mischung aus Hintergründen, Erfahrungen und Fachkenntnissen zu nutzen, um die bestmöglichen Lösungen, Perspektiven und Innovationen im Geschäft zu erzielen.

Und das Gleiche gilt auch für Kreativität und Problemlösung im Allgemeinen: Das

Heranziehen von Wissen aus verschiedenen Disziplinen und das In-Beziehung-Setzen von Konzepten aus unterschiedlichen Bereichen sind mächtige Werkzeuge, um kreative Ideen zu generieren. Ein gewöhnlicher Gegenstand in einem Bereich kann ein außergewöhnliches Werkzeug in einem anderen sein. Eine Perspektive oder ein Ansatz kann in einer Disziplin alltäglich, in einer anderen aber revolutionär sein. Ein konventionelles Konzept in einer Disziplin kann neue und interessante Anwendungen in einem anderen Bereich haben.

So haben kreative Methoden zur Umsetzung von Verkehrsregeln nicht nur Ideen aus der Elektronik, dem Ingenieurwesen und der Informationstechnologie, sondern auch aus der bildenden Kunst, der Psychologie und der Werbung übernommen. Es ist ein bekanntes Konzept in der Psychologie, dass sich Menschen bei ihren Entscheidungen nicht nur auf rationale Informationen, sondern auch auf emotionale Hinweise verlassen. Dieses Konzept hat zu der Innovation geführt, Smiley-Gesichter in Verkehrsampeln zu verwenden, um mehr

Menschen dazu zu bringen, auf sie zu reagieren.

Die Vorteile des Zusammenführens von Wissen und Ressourcen aus verschiedenen Disziplinen zur Unterstützung von Problemlösungen werden in den Ergebnissen des Forschers und Professors Brian Uzzi deutlich. Bei der Analyse von über 26 Millionen wissenschaftlichen Arbeiten, die in den letzten Jahrhunderten veröffentlicht wurden, fand Professor Uzzi heraus, dass die wirkungsvollsten Arbeiten von Teams erstellt wurden, deren Mitglieder eine untypische Kombination von Hintergründen haben. Eine weitere Untersuchung, die er durchführte, ergab, dass die besten Studien eine ungewöhnliche Kombination anderer Studien zitierten und oft mindestens 10 Prozent ihrer Zitate aus anderen Bereichen als dem eigenen einbrachten.

Es ist vielleicht kein Zufall, dass wir immer noch von Leonardo da Vinci und seinen polymathischen Tendenzen sprechen – vielleicht liegt es an eben diesen Tendenzen. Zumindest war er ein begabter

Maler, Bildhauer, Ingenieur, Architekt und Anatom. Er besaß auch ein ausgeprägtes Interesse an Ornithologie, Maschinen und Chiffren. Er ist das Paradebeispiel dafür, wie verschiedene Disziplinen zusammenkommen, Synergien nutzen und ein kreatives Werk ausspucken können, das revolutionär und innovativ ist. Es ist auch kein Zufall, dass die Familie Medici zu da Vincis Lebzeiten zu seinen wichtigsten Förderern gehörte.

Auch Albert Einstein nutzte dieses Konzept in seiner Methode des *kombinatorischen Spiels*, auf das wir in einem späteren Kapitel eingehen werden, wenn wir seine spezifischen Taktiken für Kreativität und innovatives Denken näher beleuchten.

T-förmige Probleme

Was wäre, wenn das Schärfen von Fachwissen und Fertigkeiten in mancher Hinsicht sogar gegen Sie wirken könnte?

Hier kommt der *Einstellungseffekt* ins Spiel, der erklärt, warum nur die Verkörperung einer T-Form Ihre kreativen Problemlösungsfähigkeiten ungewollt reduzieren und Sie in einem Gefängnis Ihres eigenen Wissens gefangen halten kann.

Niemand würde behaupten, dass die Entwicklung von Nischenkompetenz eine Verschwendung ist; allerdings kann diese Expertise auch als Last und Hindernis wirken. Wenn man sich als Experte auf das Wissen und die Erfahrung verlässt, die man bereits hat, ist man überall dort deutlich im Nachteil, wo neuartiges Denken gefragt ist. Haben Sie schon einmal erlebt, dass ein Laie eine kreativere oder intelligentere Lösung für ein Problem anbietet als alle sogenannten Experten? Dieser Effekt könnte eine Erklärung dafür sein. Wenn man genau weiß, wie etwas ablaufen sollte und in der Regel auch abläuft, dann ist es schwer, aus dieser Art von festgefahrenem Denken auszubrechen.

Für den Mann mit dem Hammer sieht alles wie ein Nagel aus.

Die Forschung zeigt tatsächlich, dass eingeübtes Fachwissen in manchen Fällen kreative Problemlösungen behindert. Angehäuftes Wissen ist eine wunderbare Sache, aber es ist auch steif und starr und weniger geeignet, um im Moment flüssig zu reagieren. Experten können sich so sehr an eine klassische und offensichtliche Lösung klammern, dass sie die bessere Alternative, die ihnen vor Augen steht, nicht sehen.

Der Einstellungseffekt wurde erstmals 1942 von Luchins und Luchins beschrieben, die Studienteilnehmer ein Wasserglas-Experiment durchführen ließen, neben vielen anderen Variationen. Sie baten sie, eine bestimmte Menge Wasser mit Hilfe einer Reihe von drei Gläsern mit unterschiedlichem Fassungsvermögen abzumessen. Eine Gruppe durfte die Aufgabe ausprobieren und zu einer Formel kommen, die das Problem lösen würde. Die andere Gruppe hat an dieser Runde nicht teilgenommen.

Beide Gruppen bekamen dann eine ähnliche Aufgabe gestellt, bei der die Lösung aber recht einfach war. Die Gruppe, die bereits Erfahrung mit der Formel gesammelt hatte, versuchte überraschenderweise, sie erneut anzuwenden und verpasste dabei die einfachere Lösung, die die zweite Gruppe, die keine Übung oder Erfahrung hatte, leichter fand.

Dieses Ergebnis zeigt uns, dass Vorwissen wie eine vorgefasste Lösung wirken kann, die aktiv verhindern kann, dass eine bessere Option entdeckt wird. Kontraintuitiv war die erste Gruppe die „Experten", hat aber deswegen schlechter abgeschnitten. Das lässt Sie sicherlich all die Experten in der Welt überdenken, die uns gerne sagen, wie die Dinge zu tun sind! Mit diesem Wissen über den Einstellungseffekt und dem Wissen, dass Experten oft mehr für ihre Dienste verlangen, können Sie sich fragen, ob einige Probleme in Ihrem Leben nicht besser von kreativeren (und billigeren!) Nicht-Experten gelöst werden könnten.

Folgeuntersuchungen haben ähnliche Ergebnisse mit Kreativitätsrätseln gezeigt, bei denen Nicht-Experten besser abzuschneiden scheinen. Karl Dunckers berühmtes Kerzenproblem zeigte, dass Menschen mit vorgefassten Meinungen über die Verwendung von Werkzeugen (in diesem Fall eine Streichholzschachtel, eine

Kerze und einige Reißzwecken) keine unkonventionellen Lösungen fanden (die Kerze an der Wand zu befestigen, indem sie die Streichholzschachtel als Leiste verwendeten, anstatt die Kerze mit den Streichhölzern anzuzünden). Was die Teilnehmer bereits wussten, hinderte sie aktiv daran, das zu sehen, was vor ihnen lag, und etwas Neues zu lernen.

Was wäre natürlich, wenn die Wissensbasis der Teilnehmer eher pi- oder gar kammförmig wäre und sie Lösungen und Ansätze aus verschiedenen Branchen und Wissensgebieten einbringen könnten? Nun, Sie kennen das wahrscheinliche Ergebnis bereits. Hier ein Denkanstoß: Wenn Sie T-förmig sind, aus welchem Grund auch immer, dann ist das so ähnlich wie die Arbeit am Fließband in einer der Fabriken von Henry Ford. Das heißt, jede Person hat nur eine Funktion und kann als solche jederzeit leicht ersetzt werden. Je polymathischer Sie sein können, desto mehr Funktionen können Sie bewohnen, und desto weniger ersetzbar werden Sie sein.

Im nächsten Abschnitt werden wir nicht die buchstäblichen Aktivitäten betrachten, zu denen sich Polymathen hingezogen fühlen, sondern die zugrundeliegende Einstellung, die es ihnen erlaubt, so zu arbeiten, wie sie es tun.

Wichtige Erkenntnisse:

- Wenn wir an das Wort „Polymath" denken, denken wir an Genies in der Geschichte, deren Leistungen wir nicht annähernd erreichen können. Das mag wahr sein, aber es gibt Wissensschätze, die wir aus dem Studium ihrer Ansätze und der Kombination ihrer Meisterschaft nutzen können. Ein Polymath ist jemand, der ein Experte auf mehreren Gebieten ist. Das mag wie eine zu starke Vereinfachung erscheinen, aber das ist die Essenz davon. Die Magie passiert jedoch, wenn diese mehreren Felder kollidieren und Ihnen helfen, sich zurechtzufinden, Probleme zu lösen und über den Tellerrand zu schauen.
- Der Ansatz, der in diesem Buch vertreten wird, ist, mindestens piförmig, idealerweise kamm- oder sogar

sternförmig zu werden. Dies steht im krassen Gegensatz zur T-Form. Horizontale Linien stehen für die Breite des Wissens, vertikale für die Tiefe des Wissens. Wer hat schon Zeit für so etwas? Nun, viele Menschen – und es gibt zahlreiche Studien, die die Effektivität von Teams mit unterschiedlichen Hintergründen, von Menschen mit einer Vielzahl von Talenten und die hohe Leistung von Menschen, die altes Wissen auf neue Situationen anwenden, belegen – Leonardo da Vinci, Elon Musk, Benjamin Franklin und Aristoteles, um nur einige zu nennen. Es wird angenommen, dass diese Art der Durchmischung tatsächlich die Renaissance in Florenz, Italien, verursacht hat.

- Es mag den Anschein haben, als würden wir bereits ein totes Pferd schlagen, aber die Bedeutung des Erwerbs von Wissensvielfalt kann nicht hoch genug eingeschätzt werden. Es gibt sogar ein Problem, das damit zusammenhängt, zu viel Wissen auf einem Gebiet zu haben, ein Dilemma der zu tief gehenden

Expertise. Dies wird als Einstellungseffekt bezeichnet und beschreibt im Wesentlichen den Mann mit einem Hammer, der alles als Nagel sieht. Je tiefer man in ein Fachgebiet eingetaucht ist, desto schwieriger ist es, andere Werkzeuge, Methoden, Ansätze und Perspektiven außerhalb des eigenen zu sehen. Ein Biologe wird nur biologiebezogene Probleme sehen, und so weiter.

- Der einfachste Weg, sich Polymathie vorzustellen, ist, sich die Arbeit am Fließband in einer der Fabriken von Henry Ford vorzustellen. Das heißt, jede Person hat nur eine Funktion und kann als solche jederzeit leicht ersetzt werden. Je polymathischer Sie sein können, desto mehr Funktionen können Sie bewohnen und desto weniger ersetzbar werden Sie sein.

Kapitel 2. Der polymathische Geist

Angesichts dessen, was wir jetzt über Polymathen wissen, ist die natürliche Frage, was wir von ihrem Ansatz lernen können und wie wir uns am besten aufstellen können, um in einer sich schnell verändernden Welt erfolgreich zu sein. Das erfordert von uns ein wenig mehr kreatives Denken als nur die Frage: „Welche Fähigkeiten sind auf dem Markt gerade wertvoll? Was ist das nächste große Ding?"

Die Wahrheit ist, dass erfolgreiche Universalgelehrte in erster Linie von unstillbarer Neugier, der Liebe zu ihrem Fachgebiet, der Sehnsucht nach Meisterschaft, Kreativität und Ausdruck angetrieben werden – oder von einer

Mischung aus all diesen Eigenschaften. Sie haben vielleicht keine Gemeinsamkeiten, was ihre Fachgebiete angeht, aber sie teilen mit Sicherheit die gleiche Lebensfreude und eine Reihe von Eigenschaften, die sie zu mehr antreiben.

Es reicht also nicht aus, einfach die Endergebnisse des Prozesses von Polymathen nachzuahmen. Wir müssen fragen, *wie* sie gedacht und gearbeitet haben, anstatt uns in den Details dessen, *was* sie getan haben, zu verzetteln. Es geht darum, was sie angespornt hat, eine Pi- oder Kammform zu entwickeln, anstatt als einfache T-Form zu bleiben.

Viele Menschen glauben fälschlicherweise, dass sie, um wettbewerbsfähig zu bleiben, sich in allen modischen und trendigen Bereichen weiterbilden müssen. Die Leute fragen, wie sie zum Beispiel lernen können, Computercode zu schreiben oder mit Kryptowährungen zu handeln, und zwar nicht, weil ihre Leidenschaft sie wirklich dorthin führt, sondern weil sie sich von den Geschichten von Tech-Unternehmern beeinflussen lassen, die diesen (inzwischen gut begangenen) Weg bereits gegangen sind.

Leider ist dies aus zwei Gründen eine Verliererstrategie: Erstens, weil ein Trend, wenn er als solcher erkennbar ist, bereits auf dem Weg ist, vorbei zu sein, und zweitens, weil das Nachahmen anderer dazu führt, dass Sie Ihre eigenen einzigartigen Talente und Perspektiven nicht nutzen können.

Anpassungsfähig und offen

Der *Geist* der Polymathie ist das, was wichtig ist, und er ist weitgehend unabhängig von bestimmten Feldern, Fächern oder Themen, egal wie relevant sie auf den ersten Blick erscheinen. Es geht um Vielseitigkeit, Flexibilität und Offenheit.

Nehmen wir als Beispiel eine Person, die glaubt, dass sich die Zukunft des Bekleidungsdesigns und der Herstellung verändert und dass sie, um zu überleben, Produkte anbieten muss, die ethisch produziert werden und umweltbewusstere Käufer ansprechen. Klingt so weit gut.

Eine solche Person arbeitet vielleicht im Mode- oder Textileinkauf und versucht ihr Bestes, eine neue Marke aufzubauen und zu vermarkten, indem sie all die alten Geschäftsprinzipien anwendet, die bei traditionelleren Bekleidungsherstellern funktionieren. Aber in ihrer Starrheit und ihrem verbissenen Festhalten an diesen Methoden sind sie vielleicht nicht bereit, sich zu ändern oder etwas Neues zu lernen, ignorieren subtilere Veränderungen in der Branche und hören nicht auf die Warnungen, dass die „alten Wege", Dinge zu tun, einfach nicht mehr funktionieren.

Eine andere Person, ein hingebungsvoller Polymath, arbeitet vielleicht in einem ganz anderen Bereich, hegt aber gleichzeitig eine Leidenschaft für den Kauf und Verkauf von Secondhand- oder Vintage-Kleidung. Obwohl diese Person keine kaufmännische Ausbildung und keine Erfahrung hat, hat sie den Finger am wahren Puls der Modeindustrie – Mieten und Secondhand ist die Zukunft. Sie handeln schnell und auf Inspiration hin und haben innerhalb eines Jahres eine florierende Online-

Kleidertauschplattform gegründet, die den Markt komplett umkrempelt.

Während die bisherige Person in ihrer Karriere stagniert, erreicht der Polymath den Erfolg scheinbar blitzschnell und ohne sich an irgendwelche Regeln zu halten. Das liegt daran, dass ihre Herangehensweise nicht durch Vorurteile, alte Modelle, möglicherweise überholte Glaubenssätze und herkömmliches Geschäftsdenken gebunden und begrenzt ist.

Dieses Beispiel ist keine Anomalie, sondern zunehmend die Norm: Minimal ausgebildete und bescheiden erfahrene Unternehmer stürzen sich häufig auf den Markt und sind dank ihrer Flexibilität, Kreativität und manchmal auch schierer Kühnheit erfolgreich.

Hier bedeuten Denkweise und Einstellung alles. Das bedeutet, dass man bereit ist, sich anzupassen, wenn es nötig ist, und dass man es gewohnt ist, sogar Experte im Umgang mit sich schnell ändernden Parametern und wechselnden Herausforderungen zu werden. Ein Polymath reagiert typischerweise nicht auf

Widrigkeiten, indem er fragt, was er tun kann, um zu überleben – *er tut es in der Regel bereits*, wenn die Gelegenheit auf ihn zukommt. Anstatt reaktiv und im Überlebensmodus zu denken, beschäftigt sich der Polymath lange vor allen anderen mit Ideen und Themen, oft einfach, weil es ihm Spaß macht. Deshalb ist es so wichtig, nicht einfach zu imitieren, was Polymathen *tun*, sondern die Denkweise und Perspektive genau zu untersuchen, die sie dazu bringt, so zu handeln, wenn andere anders entscheiden.

Lassen Sie uns diese Einstellung genauer untersuchen.

Erstens ist eine Lektion, die uns jeder Polymath lehren kann, eine gesunde Missachtung von Regeln. Kreative, erfinderische Menschen sehen Regeln als vorläufig an und Grenzen als bloße Arbeitsmodelle, bis etwas Besseres geschaffen oder entdeckt werden kann. Sie wissen, dass richtig und falsch oft eine Frage der (möglicherweise fehlerhaften) Meinung ist, und lassen sich nicht von gewöhnlichen Konventionen einschränken, was sie bereit sind, zu denken und sich vorzustellen.

Schließlich erfordert die Beschäftigung mit Material und Ideen, die außerhalb der Komfortzone der Menschheit liegen, dass man seine gewöhnlichen Urteile und Annahmen außer Kraft setzt. Der Erfinder hat einen Überschwang und eine Neugierde, die über das hinausgeht, was andere ihm vielleicht sagen, was erlaubt oder richtig ist.

Hand in Hand mit dieser Einstellung geht notwendigerweise ein beständiger Komfort mit Ungewissheit. Für intelligente, kreative Menschen ist es mit einer gewissen Verantwortung verbunden, große Fragen zu stellen und Antworten zu erwarten.

Viele historische Polymathen vertraten diese Einstellung: „Ich habe die Lösung, die ich wollte, nicht in der Welt gefunden, also habe ich sie selbst gemacht." Diese tiefe Individualität und Freiheit kommt von der Bereitschaft, das Unbekannte zu tolerieren, ohne vollständige Informationen zu handeln, Risiken einzugehen und in einer Welt zu leben, die nicht bereits von Autoritäten bewohnt und kartografiert ist, die einem sagen können, was man zu tun hat.

Polymathen scheitern oft, und manchmal extravagant. Es ist ihnen egal - während andere Unbekannte und mögliche Misserfolge als unerträglich empfinden, sind Polymathen nicht nur in der Lage, vorwärtszumarschieren, sondern unter diesen Bedingungen zu gedeihen.

Ohne eine aufrichtige Neugier und Liebe zur Entwicklung von authentischem Wissen und Meisterschaft können Menschen den Prozess, den es braucht, um große, langfristige Ziele zu erreichen, selten durchhalten. Aber das sind genau die Ziele, die den meisten Polymathen am Herzen liegen. Sie konzentrieren sich auf das, was sie wollen, und lassen sich von nichts einschränken – auch nicht von ihren eigenen irrationalen Ängsten oder ihrer Faulheit.

Schließlich denken Polymathen über sich selbst genauso, wie sie über die verschiedenen Themen denken, mit denen sie sich gerne beschäftigen – ohne die Einschränkung und Last von Kästchen und allzu vereinfachten Etiketten. Wenn man darüber nachdenkt, sind so viele von uns überraschend bereit, sich selbst auf die eine oder andere Weise zu etikettieren, glücklich darüber, die implizierten Einschränkungen auf sich zu nehmen. Polymathen machen sich nicht die Mühe; sie definieren sich nur selten und halten sich so lange wie möglich für Möglichkeiten und Potenziale offen.

Bedenken Sie, dass wir heute mehr Etiketten für sexuelle Identität und Orientierung haben als je zuvor. Sie können wählen, welcher politischen Partei, welchem Persönlichkeitstyp, welcher Blutgruppe, welcher demografischen oder sozialen Klasse Sie angehören, und diesen Etiketten immense Bedeutung beimessen. Es gibt Etiketten dafür, welche religiösen Überzeugungen Sie haben oder nicht haben, welche Sportmannschaften Sie unterstützen, welcher Nation Sie angehören, welcher Rasse Sie angehören, sogar welche Medien Sie konsumieren und in welcher Sprache. Sie können sogar einen DNA-Test machen, um genauer zu bestimmen, zu welchen ethnischen Gruppen Sie gehören.

Das Problem mit all diesen zügellosen Etikettierungen ist, dass sie Sie von einer echten, authentischen, spontanen Auseinandersetzung mit dem Leben, wie es ist, abhalten, anstatt das Leben so zu sehen, wie jemand, der so ist wie Sie, es sieht. Sie sagen sich zum Beispiel: „Ich bin kein R&B-Mensch, ich hasse es, um ehrlich zu sein" und verzichten komplett darauf, einen Künstler zu hören, den Sie eigentlich lieben könnten. Ihre Identität wirkte hier als Begrenzung, die klar trennte, was Sie als Teil Ihrer Welt empfanden und was nicht.

Polymathen, die diese Grenzen viel seltener setzen, erlauben sich einen größeren Zugang zu neuen Bereichen. Es ist ihnen egal, ob eine bestimmte Idee, ein bestimmtes Verhalten oder eine bestimmte Frage nicht für Menschen wie sie geeignet ist, und sie haben sicherlich keine Angst, ihre Meinung zu ändern oder zu hinterfragen, ob eine frühere Präferenz noch sinnvoll ist. Sie sind agnostisch in ihrem Streben nach einer Antwort oder einem Ziel, und Vorurteile, Annahmen und Stolz werden zur Seite gelegt.

Dies ist ein tiefgreifender Gedanke, der es wert ist, wiederholt zu werden: Unser Konzept von uns selbst informiert die Erfahrungen und das Wissen, dem wir bereit sind, uns auszusetzen. Es kann sogar zu einer selbsterfüllenden Prophezeiung werden: Sagen Sie sich oft genug, dass Sie ein bestimmter Typ von Mensch sind, und Sie werden schließlich genug Handlungen unternehmen, um diese Behauptung zu unterstützen, so dass sie im Wesentlichen wahr sein wird.

Um sich in die polymathische Denkweise hineinzuversetzen, fragen Sie sich selbst über die Entscheidungen, die Sie treffen, die Meinungen, die Sie haben und die Fragen, die Sie stellen – handeln Sie einfach nach einer vorgefassten Meinung über Ihre Identität? Sie wählen, kaufen ein, sprechen und arbeiten wie ein ABC, weil Sie ein ABC sind und das ist es, was ABCs tun. Aber Menschen ändern sich. Woher wollen Sie das wissen, wenn Sie nie die Möglichkeit in Betracht ziehen, dass Sie eines Tages etwas tun oder wollen oder fühlen, das Ihrer alten Identität widerspricht?

Der Schlüssel, um mit der Veränderung mitzugehen – und ein anpassungsfähiger, flexibler, vielseitiger Denker zu sein – ist, sich nicht zu sehr an Vorstellungen darüber zu klammern, wer wir sind und wo unsere Grenzen liegen. Sind Sie heute noch derselbe Mensch wie vor zehn oder zwanzig Jahren? Wenn nicht, sollten Sie sich wahrscheinlich nicht so verhalten, als ob die Art und Weise, wie Sie jetzt sind, die feste, endgültige Form Ihrer Identität für immer wäre.

Indem sie fließend sind und nichts für selbstverständlich halten – nicht einmal die Identität der Person, die alles für selbstverständlich halten könnte – bleibt ein Polymath frisch und offen für Veränderungen, für neue Möglichkeiten. Sie wachsen schneller und mit weniger Störungen, da sie sich nicht an alte Ideen klammern, die nicht mehr funktionieren. Sie haben keine Angst, zuzugeben, wenn sie sich geirrt haben, oder ein Projekt aufzugeben, auch wenn sie viel darin investiert haben.

Für einen intelligenten, neugierigen Polymath gibt es nie einen Endzustand, in dem die Identität feststeht, alle Fragen beantwortet sind und das Leben einfach stillsteht. Natürlich wollen Sie Ihre Werte aufrechterhalten und ehren. Ja, Sie haben Ihre Vorlieben und Ihre Lieben und Ihre Gewohnheiten. Aber im Gegensatz zu anderen stellen Sie diese Vorlieben und Gewohnheiten regelmäßig in Frage und fragen ständig, ob etwas optimal funktioniert oder ob es besser sein kann.

Polymathen verschwenden keine Zeit damit, sich als jemand Bestimmtes zu identifizieren – sie sehen ihre Identität als das, was sie sein müssen, um das zu tun, was sie tun wollen. Das ist der Grund, warum man oft sieht, dass wirklich vollendete Menschen davor zurückschrecken, von anderen als „Genie" bezeichnet zu werden. Das zeigt, dass es ihnen nicht darum geht, ihr Ego oder ihr Identitätsgefühl zu stärken – es geht nicht darum, wer sie sind, sondern was sie tun, was sie wissen und was sie lernen können.

Experimentell

Also, Polymathen sind aufgeschlossen, neugierig und ein bisschen furchtlos. Sie lassen sich nicht so einfach definieren, und das gefällt ihnen.

Ein weiteres Element der polymathischen Weltanschauung, das es zu betrachten gilt, ist das, was man nur als „experimentelle Denkweise" bezeichnen kann. Es gibt einen Grund, warum so viele berühmte Universalgelehrte in der Geschichte auf die eine oder andere Weise mit den „harten Wissenschaften" zu tun hatten. Es gibt etwas an der wissenschaftlichen Methode, das die natürliche Neugierde eines Universalgelehrten einfängt und formalisiert. Wissenschaftliche Experimente stellen Fragen wie:

„Wie funktioniert die Welt eigentlich? Warum hat sich dieses Ding so und nicht anders verhalten? Wie kann ich es mir genauer ansehen? Was passiert, wenn ich dies tue, und was zeigt mir das über diese seltsame Sache, über die ich zu lernen versuche?"

Obwohl wissenschaftliches Denken für manche Menschen vielleicht natürlicher ist als für andere, gibt es immer Möglichkeiten, diese Fähigkeit zu fördern und zu kultivieren. Es erfordert nur eine subtile, aber wichtige Veränderung im Denken: Nehmen Sie etwas nicht einfach an, sondern *testen Sie es in der Realität*. Alle sagen immer, dass dies und jenes der Fall ist, aber haben Sie auch Beweise? Sie wissen nicht, wie sich ein neuer Plan oder eine neue Idee entwickeln wird – warum sollten Sie sie also nicht testen?

Das Experimentieren ist etwas, das in Bezug auf die tatsächliche Physik oder Chemie etwas leichter zu verstehen ist, aber in Wirklichkeit gibt es unzählige reale Vorteile bei der Durchführung von Experimenten in jedem Bereich des Lebens. Ein Vorteil ist, dass Sie durch das Nachdenken über die praktische Umsetzung jede hypothetische „eines Tages"-Idee in die Gegenwart zwingen, ohne dass Perfektionismus sie daran hindert, jemals zu etwas zu werden.

Auf den perfekten Zeitpunkt oder die perfekte Gelegenheit zu warten, bedeutet oft, dass man nie handelt oder etwas Neues lernt – aber wenn man etwas einfach

ausprobiert, testet oder versucht, auch
wenn es noch nicht perfekt ist, kommt man
mehr voran, als wenn man getrödelt und
gezögert hätte.

Indem Sie Experimente durchführen,
verschaffen Sie sich Zugang zu dem, was
alle Wissenschaftler wollen: Qualitative
Daten. Man kann jahrelang hypothetisch
reden und nie etwas Greifbares
vorzuweisen haben. Das liegt daran, dass
das Ausprobieren von Dingen in der
Realität Ihnen Informationen liefert, die Sie
tatsächlich nutzen können.

Das Experimentieren bietet Ihnen die
Möglichkeit, etwas Neues auszuprobieren
und zu sehen, wie es läuft. Wenn Sie Ihre
persönliche Entwicklung,
Herausforderungen oder Ziele als
Experimente einrahmen, nehmen Sie den
Druck von sich, während Sie gleichzeitig
früher handeln. Viele von uns leben mit so
vielen unhinterfragten Annahmen, von
denen wir uns befreien könnten, wenn wir
uns nur die Chance geben würden, etwas
Besseres zu testen.

Experimentieren ist ein Fenster für Veränderung. Wenn Sie etwas anderes ausprobieren, sagen Sie der Welt: „Ich bin aufgeschlossen und neugierig auf das Ergebnis. Das kann zu etwas Neuem und Besserem führen, wer weiß!" Haben Sie schon einmal ältere Menschen getroffen, die wehmütig über all die Dinge sprechen, die sie in ihrer Jugend hätten tun können, aber nicht getan haben? Wenn Sie experimentieren, fragen Sie sich nicht, wie die Dinge hätten ausgehen können – Sie tun sie, damit Sie es *wissen*. Infolgedessen eröffnen sich Ihnen ganz neue Möglichkeiten der Wahl und der potenziellen Veränderung.

Das Wort „Experiment" impliziert etwas Formales, Strenges und Laborbasiertes. Aber Sie können die ganze Zeit informelle Experimente durchführen, zu Ihren eigenen Bedingungen. Wenn Sie sich selbst dabei ertappen, wie Sie prokrastinieren, probieren Sie die Einstellung des neugierigen polymathischen Wissenschaftlers aus: Werden Sie neugierig und verpflichten Sie sich, nur etwas auszuprobieren. Was würde passieren, wenn Sie X oder Y ausprobieren? Das ist nicht das Ende der Welt – nur eine Form des Fragenstellens, wenn es darauf ankommt. Nehmen Sie ein neues Hobby oder eine neue Gewohnheit für dreißig Tage auf. Essen Sie etwas Neues, auch wenn Sie den Verdacht haben, dass es Ihnen nicht schmecken wird. Sagen Sie „Ja", auch wenn Sie ein wenig ängstlich sind.

Sich mit Experimenten aus dem Alltag und den Gewohnheiten zu befreien, bedeutet, ein kleines Fenster weit genug zu öffnen, um zu fragen: *Was wäre, wenn ich etwas anders machen würde?* Vielleicht sind Sie nach dem Experiment vom Wert einer bestimmten Handlungsweise überzeugt oder beweisen sich selbst, was für eine schlechte Idee es gewesen wäre, wenn Sie nicht aufs Ganze gegangen wären.

Konkrete Ergebnisse eines Mini-Experiments zu sehen, gibt Ihnen ein Gefühl der Kontrolle über Ihre Welt. Sie können Fragen stellen, Antworten und Feedback erhalten und beim nächsten Mal bessere Fragen stellen. Mit anderen Worten: Sie können wachsen und lernen.

Wenn Sie schließlich den Geist des experimentellen Denkens in Ihrem Leben Wirklichkeit werden lassen wollen, müssen Sie die Grundlagen dafür schaffen, dass dies möglich ist. Wie das geht? Indem Sie ein offenes Gefühl der Sicherheit rund ums Experimentieren fördern. Sie müssen das Gefühl haben, dass Sie scheitern können, ohne dass dies katastrophale Folgen hat oder Druck ausübt.

Wie die Kreativität kann auch die Neugier nicht in einer feindseligen oder riskanten Atmosphäre gedeihen. Wenn Sie eine Bedrohung wahrnehmen, wird Ihr Geist wahrscheinlich eher in einer Haltung des konservativen Überlebens verweilen als in expansiver Erkundung und großzügiger Kreativität. Wenn Sie dem Beispiel des Universalgelehrten folgen wollen, schaffen Sie in Ihrem Leben Raum zum Spielen, zum Erforschen, zum Fragenstellen – ohne das Urteil eines inneren Kritikers oder die Befürchtung, dass Sie sonst perfekt sein müssen.

Beginnen Sie damit, Ihre Definition von Scheitern zu ändern. Es macht keinen Sinn, zimperlich mit dem Scheitern umzugehen – erwarten Sie vielmehr, dass es passieren wird und passiert, und dass es einfach zum Alltag gehört.

Anstatt zu denken, dass Scheitern demütigend ist oder ein Beweis dafür, dass Sie etwas falsch machen oder noch schlimmer, dass *Sie* falsch liegen, betrachten Sie es als einen notwendigen Teil des Lernens und Wachsens. Lernen Sie, Scheitern als Teil des Prozesses zu respektieren und nicht als Ablenkung davon. Die experimentelle Denkweise ist vor allem die Verpflichtung, immer im Experiment zu sein: Sie probieren etwas aus, Sie sehen die Ergebnisse, Sie passen sich an, Sie versuchen es erneut. Wiederholen Sie das bis zum Tag Ihres Todes.

Mehr noch: Wenn Sie Leidenschaft, Neugier und Belastbarkeit gegenüber Veränderungen und „Versagen" in den Mittelpunkt stellen können, beginnt etwas anderes zu passieren. Ihr Geist wechselt langsam vom Endpunkt zum Prozess selbst. Sie beginnen, den Weg zur Erkenntnis zu genießen, nicht nur den Preis der Errungenschaft am Ende. Was viele Universalgelehrte tun, ohne dass es ihnen beigebracht wird, ist, sich auf den „Prozess, nicht auf das Ergebnis" zu konzentrieren. Sie schaffen aus Freude am Schaffen. Sie lösen Probleme, weil sie sich an der Erfahrung erfreuen, sie durchzuarbeiten.

Mit der Zeit kann die fleißige Bemühung, experimentell zu denken, verinnerlicht werden und zu einem freudigen Fluss im Moment werden – mit ständiger Aktualisierung und Neubewertung, während Sie gehen. Mit anderen Worten: Lernen und sich weiterentwickeln wird zur zweiten Natur. Sie tun es aus Spaß! Konzentrieren Sie sich auf den Prozess, und das Ergebnis stört Sie fast nicht – selbst wenn es als „Misserfolg" angesehen wird. Wenn Sie eine experimentelle, aufgeschlossene Einstellung beibehalten, gewinnen Sie immer, egal wie das Ergebnis ausfällt.

Anfänger

Die Denkweise eines *Anfängers* – selbst wenn Sie sich in einer Sache, mit der Sie schon seit Jahren vertraut sind, als Anfänger oder Amateur betrachten – ist äußerst hilfreich, um die Welt als Lernfeld zu betrachten, sich ständig weiterzuentwickeln und die Notwendigkeit geistiger Flexibilität anzunehmen. Per Definition experimentiert jeder Anfänger mit etwas Neuem und versucht auch, aufgeschlossen zu sein, ganz gleich aus welcher Motivation heraus.

Polymathen mögen als vielseitige Experten erscheinen, aber es gibt ein Problem mit dieser Perspektive. Ein häufiges Missverständnis darüber, ein „Experte" zu sein – sogar unter Experten – ist, dass es impliziert, dass man nichts mehr lernen muss. Sie haben den größtmöglichen Wissensstand in einer bestimmten Situation erreicht, und jeder Hinweis darauf, dass Sie noch mehr lernen könnten, ist fast schon beleidigend. Man denkt – oder hat das Gefühl –, dass man bereits alle Grenzen überschritten hat und dass es nirgendwo mehr hingehen kann, außer nach unten.

Im Idealfall gibt es jedoch keinen großen Unterschied zwischen der Denkweise eines Anfängers und der eines Experten. Denn wenn jemand beschließt, ein Experte auf einem bestimmten Gebiet zu werden, muss er als erstes akzeptieren, dass er *nie aufhören* wird, über dieses Thema *zu lernen*. Lange nachdem er sich als Experte etabliert hat, wird er immer noch lernen und entdecken, wie viel er noch nicht weiß. Ein wahrer Experte hört nie auf, diese Lücken füllen zu wollen. Der Experte und der Anfänger teilen also eine Offenheit für neues Wissen und neue Erkenntnisse.

Die Denkweise des Anfängers stammt aus dem Zen-buddhistischen Konzept *Shoshin*, das beschrieben wird als „eine Haltung der Offenheit, des Eifers und des Mangels an Vorurteilen zu haben, wenn man ein Thema studiert, selbst wenn man auf einem fortgeschrittenen Niveau studiert, so wie es ein Anfänger in diesem Fach tun würde."

Jedes Mal, wenn Sie auf eine neue oder auch vertraute Situation stoßen, egal wie abgeklärt oder abgeklärt Sie sich fühlen, stellen Sie sich darauf ein, sie als Anfänger zu erleben. Lassen Sie alle Ihre vorgefassten Meinungen oder Erwartungen über die Erfahrung los. Behandeln Sie es mit Neugier und einem Gefühl des Staunens, als ob Sie es zum ersten Mal sehen würden.

Zur Veranschaulichung: Stellen Sie sich vor, Sie sehen eine Herde Zebras vor Ihrem Schlafzimmerfenster – hoffentlich eine neue Situation für Sie. Sobald Sie Ihren ersten Schock überwunden haben, was sind Ihre ersten Beobachtungen und Fragen?

Erinnert Sie diese Situation an etwas, das Sie bereits kennen oder vielleicht in einem Film gesehen haben? Sie würden versuchen, dem Ganzen einen Sinn zu geben und eine Erzählung zu konstruieren, um es zu verstehen. Was ist vorher passiert und was wird danach passieren? Welche Details sind überraschend oder geradezu merkwürdig, wenn Sie über den ersten Blick hinaus denken? Sie würden sich sicherlich auf Fragen des „Warum" und „Wie" konzentrieren. Wahrscheinlich würden Sie auch von Empfindungen und Reizen überwältigt werden. Sie hätten viel mehr Fragen als Antworten, und Sie wären darauf fixiert, die Logistik und die Wahrscheinlichkeiten eines solchen Ereignisses herauszufinden.

Mit anderen Worten: Sie nähern sich dieser Zebraherde mit einem Gefühl der Verwunderung und Offenheit. Wenn Sie dagegen nach draußen schauen und einen verirrten Vogel oder ein Eichhörnchen sehen, werden Sie sicherlich nicht dasselbe Gefühl von Interesse oder Neugierde hervorrufen.

Nehmen wir nun ein anderes Beispiel für das Erlernen eines neuen Instruments. Welche Fragen würden Sie stellen? Wo würden Sie überhaupt anfangen? Sie wüssten nicht, was wichtig ist und was nicht, also würde Ihnen zunächst alles wichtig erscheinen. Sie wären wahrscheinlich neugierig, wo die Grenzen des Instruments liegen – zuerst in Bezug darauf, wie man es nicht kaputt macht, und dann in Bezug auf seine allgemeinen Fähigkeiten. Sie würden sich wundern und gleichzeitig vorsichtig sein, aus Angst, einen Fehler zu machen oder es kaputt zu machen. Auch hier würden Sie so viele

Fragen haben, und die Antworten, die Sie erhalten, würden nicht einmal an der Oberfläche kratzen. Den unmittelbaren Eindruck, den das Gerät auf Sie macht, werden Sie lange Zeit nicht vergessen.

Das sind die Grundlagen der Anfängermentalität. Wenn Sie Ihren Geist auf ein unbeschriebenes Blatt umprogrammieren und so tun, als ob Sie wirklich kein Wissen über etwas haben, werden Sie sich auf ausgiebiges, neugieriges Hinterfragen einlassen, und das Wissen wird viel leichter kommen, als wenn Sie so tun, als ob Sie bereits die Antworten hätten.

Es sollte betont werden, dass die Denkweise des polymathischen Anfängers die Fähigkeit befähigt, *dumme Fragen* zu stellen. Sogenannte Experten verlassen sich auf Annahmen und ihre eigenen Erfahrungen, oft ohne weitere Nachforschungen. Wenn Sie sich wohlfühlen, dumme *Fragen* zu stellen, bleibt nichts den Annahmen und dem Zufall überlassen, und alles wird offengelegt und geklärt. Experten und Polymathen haben manchmal blinde Flecken aufgrund von

Mustern, die sie aus anderen Bereichen kennen, die aber in neuen Situationen nicht immer zutreffen.

Sie können sowohl neue *als auch* vertraute Situationen mit demselben Prinzip angehen. Wenn Sie das nächste Mal Auto fahren, versuchen Sie, die Dinge zu bemerken, die Sie sonst automatisch tun würden, und sprechen Sie sie laut zu sich selbst aus. Konzentrieren Sie sich dabei auf das, was Sie hinter dem Lenkrad wahrnehmen, aber schon lange nicht mehr beachten: die Rillen im Lenkrad, das Leuchten des Kilometerzählers am Armaturenbrett oder das Geräusch der Klimaanlage. Selbst diese erdrückend unbedeutenden Details könnten ein neues Element oder einen neuen Eindruck freilegen, den Sie noch nie erlebt haben.

Insgesamt erfordert die Denkweise des Anfängers, dass man langsamer wird, vorgefasste Meinungen beiseitelässt und auf das achtet, was man lange Zeit ignoriert hat.

Glaube

Der Glaube mag simpel erscheinen, aber er ist nicht etwas, das jeder besitzt.

Polymathen glauben, sei es aus schierer Überzeugung oder aus Unkenntnis der Hindernisse, die ihnen im Weg stehen, dass sie mit Zeit, Mühe und Energie schließlich ihre Lösung oder ihr Ziel erreichen werden. Oft wird diese Reise beinhalten, dass man tiefes Wissen erlangt und die sprichwörtliche Pi-Figur wird. Und beim Lernen, Verbessern oder Erreichen jedes Ziels, egal ob Sie glauben, dass Sie es können oder nicht, werden Sie am Ende richtig liegen.

Um dies zu veranschaulichen, wenden wir uns dem britischen Läufer Sir Roger Bannister zu. Der Name Roger Bannister ist Ihnen vielleicht nicht geläufig, es sei denn, Sie sind ein Leichtathletik-Fan oder ein Historiker der Leichtathletik.

1954 war Roger Bannister der erste Mann, der die Vier-Minuten-Grenze für die Meile durchbrach, eine langjährige Schwelle, mit der Athleten immer wieder geliebäugelt, aber nie überschritten hatten.

Eine komplette Meile sind vier Runden auf einer Standardstrecke. Um die Vier-Minuten-Grenze zu durchbrechen, müsste ein Läufer also ein Tempo von höchstens sechzig Sekunden pro Runde laufen – etwas, das als unmöglich galt. Die Vorstellung, dass ein Mensch eine Meile in weniger als vier Minuten laufen könnte, galt als Hirngespinst, und selbst Leichtathletik-Experten sagten voraus, dass der Mensch dies niemals schaffen würde. Man muss bedenken, dass dies vor Jahrzehnten war, als die moderne Leistungssportler noch in den Kinderschuhen steckten – nicht annähernd so trainiert, ernährt oder beachtet wurden wie heute. Diese Athleten traten mit Methoden an, die im Vergleich zu modernen Techniken absolut prähistorisch sind.

Der Weltrekord für die Meile verharrte über ein Jahrzehnt lang bei 4:02 und 4:01, es schien also etwas dran zu sein an dem Glauben, dass der Mensch endlich sein physisches Potenzial erreicht hatte. Er war bis zu diesem Zeitpunkt stetig gesenkt worden, beginnend mit den ersten modernen Olympischen Spielen im Jahr

1896, als der Goldmedaillengewinner der 1.500 Meter in einer Zeit von 4:33 gewann, was in etwa einer 4:46 Meile entspricht.

Wir waren so weit gekommen, dass es eine Grenze geben musste, und wir schienen sie erreicht zu haben. Natürlich gab es ähnliche Vorstellungen von Grenzen menschlicher Fähigkeiten auch in moderneren Zeiten, wie etwa die Zehn-Sekunden-Grenze für den 100-Meter-Lauf. Zum Vergleich: Der Weltrekord für die Meile liegt seit 2020 bei 3:43,13, gehalten von Hicham El Guerrouj aus Marokko.

Bei den Olympischen Sommerspielen 1952 in Helsinki belegte Bannister im 1.500-Meter-Lauf (der *metrischen* Meile) den vierten Platz und verpasste damit knapp eine Medaille. Motiviert durch seine Enttäuschung und Scham, setzte er sich das Ziel, eine Meile unter vier Minuten zu laufen, was ihn seiner Meinung nach entlasten würde. Bannister glaubte, im Gegensatz zu allen anderen Läufern und Experten zu dieser Zeit, dass dies möglich war, also trainierte er mit diesem Ziel vor Augen. Für ihn war es eine Frage des *Wann*, nicht des *Ob*. Allein die Annahme, dass etwas eine Gewissheit ist, und sogar die Planung für das, was passiert, wenn man es übertrifft, kann einen dazu zwingen, sich drastisch anders zu verhalten, als man es sonst tun würde.

Als auszubildender Arzt begann Bannister 1954 ernsthaft mit dem Versuch, die Schwelle zu durchbrechen. Er schaffte es am 6. Mai um 0,6 Sekunden in einer Zeit von 3:59,4. Die Menschen waren ungläubig, und er wurde als Übermensch verehrt. Für seine Bemühungen wurde er 1975 zum Ritter geschlagen und genoss ein langes Leben als Vertreter der britischen Sportinteressen im In- und Ausland. Wiederum schaffte er dies alles, während er als Arzt und Neurologe praktizierte.

Hier kommt der Glaube wirklich in die Geschichte von Sir Roger Bannister und der Vier-Minuten-Meile. Innerhalb von zwei Monaten, nachdem er die Vier-Minuten-Marke gebrochen hatte, brach ein australischer Läufer namens John Landy sowohl die Vier-Minuten-Marke *als auch* Bannisters Weltrekord. Im folgenden Jahr durchbrachen drei weitere Läufer ebenfalls die Vier-Minuten-Marke. Im nächsten Jahrzehnt durchbrachen mehr als ein Dutzend Menschen die Vier-Minuten-Marke, die Läufer jahrelang in Atem gehalten hatte.

Das ist die Macht des Glaubens. Menschen haben Vorurteile darüber, was möglich ist und was außerhalb ihrer Reichweite liegt. Aber die meiste Zeit über schränken diese Vorstellungen sie einfach ein. Sie lassen sich von dem entmündigen, was sie für möglich halten oder nicht, was sie für fähig halten oder nicht, und was sie glauben, sein zu können und nicht sein zu können.

Ohne Glauben setzen Sie sich selbst eine willkürliche Grenze. Sie sabotieren sich selbst und fangen vielleicht gar nicht erst an.

In den Monaten nach Bannisters Leistung änderte sich an den anderen vier Läufern nichts Physisches. Ihnen wuchsen nicht auf magische Weise geflügelte Füße oder sie nahmen keine leistungssteigernden Drogen, wie es die heutigen Athleten vielleicht tun. Sie änderten nicht ihre

Trainingsgewohnheiten oder -pläne. Das Einzige, was sich geändert haben könnte, war ihre Überzeugung: Sie waren sich sicher, dass die Vier-Minuten-Grenze geschlagen werden konnte, und sie würden es tun! Das war das einzige Element, das sich änderte.

Roger Bannister definierte neu, was möglich war und flößte anderen den Glauben ein. Hätte Bannister der Glaube gefehlt, dass sein Ziel erreichbar ist, wäre er mit einer Zeit von 4:01 zufrieden gewesen und hätte dann für den Rest seines Lebens mit Bedauern gelebt, wenn jemand anderes wie John Landy daherkam und als Erster das Band in unter vier Minuten durchbrach.

Polymathen glauben, dass sie Experten werden können, sie glauben, dass sie über sich hinauswachsen können, und sie glauben, dass das, was sie erreichen wollen, in Reichweite ist – tatsächlich ist es nur *unerreichbar*, was sie stark motiviert und nach mehr streben lässt. Sie glauben, dass Hindernisse überwunden werden können und dass sie durchhalten können, egal wie hart diese Hindernisse sind. Sie glauben, dass Scheitern und Kampf nur Zwischenstopps auf dem Weg sind.

Dies bringt uns zu unserem letzten Element des polymathischen Geistes: Ausdauer.

Unerbittlich

Letztendlich müssen wir, um wahre Polymathen zu werden, über das hinausgehen, was wir mögen, genießen und womit wir uns wohl fühlen. Das liegt in der Natur des Erreichens größerer Ziele. Im Kern müssen wir uns immer noch auf etwas einlassen, das wir zumindest ein wenig lästig oder unangenehm finden.

Mit anderen Worten: Es gibt keine Abkürzungen, keine einfachen Lifehacks, keine schnellen Tricks. Erfolg im Großen und Ganzen gehört denjenigen, die die Fähigkeit beherrschen, ein gewisses Maß an Not und Unsicherheit zu tolerieren, und die in Situationen der Aufopferung im Dienste von etwas Größerem als ihrem unmittelbaren Vergnügen im Moment gedeihen können.

Der Weg zur Polymathie = sich aus der Komfortzone bewegen.

Wir alle wollen wachsen und etwas erreichen, aber der Zustand des Wachstums ist von Natur aus ein unangenehmer Zustand. Sich zu entwickeln fühlt sich manchmal unsicher und riskant an, und es erfordert sicherlich, dass wir unmittelbare Annehmlichkeiten und alte, einfache Gewohnheiten aufgeben. Bei Wachstum und Entwicklung geht es darum, zu expandieren, zu riskieren, zu erforschen. Das geht nicht, ohne die Sicherheit des Alten hinter sich zu lassen. Und manchmal erfordert Veränderung Schmerz, da das Alte stirbt und das Neue noch klein und unsicher ist.

Selbstdisziplin ist für die einfachen Teile des Lebens nicht erforderlich. Es erfordert keine Anstrengung oder besondere Technik, das zu genießen, was wir bereits genießen. Aber wenn wir den Rest des Lebens produktiv angehen wollen, müssen wir die Selbstdisziplin entwickeln, mit den Dingen zu arbeiten, die wir nicht genießen. Anstatt Schmerz, Unbehagen und

Ungewissheit als Hindernisse auf unserem Weg zu Freude und Erfolg zu betrachten, verstehen wir, dass sie einfach ein Teil des Lebens sind, und wenn wir sie gut bewältigen, können wir sogar noch größere Freuden freisetzen.

Es liegt ein großes Paradox darin, zu lernen, Unbehagen nicht nur zu tolerieren, sondern zu umarmen. Sich darin zu üben, unbequem zu sein, hört sich nicht nach viel Spaß an, und das ist es auch nicht. Aber es ist eine Fähigkeit, die auf lange Sicht weitaus mehr Belohnungen einbringen wird, als nur flüchtigen Vergnügungen oder wechselnden Launen in jedem Moment nachzujagen.

Ganz einfach, wir üben uns in Selbstdisziplin und Vertrautheit mit Unbehagen, weil wir respektieren, dass das Leben eine unvermeidliche Menge an unangenehmen Gefühlen enthält. Wir wissen, dass wir, indem wir eine neue Perspektive auf die Dinge gewinnen, die wir eigentlich nicht tun wollen, tatsächlich neue Möglichkeiten für Erfüllung, Sinn und Freude schaffen. Das Leben wird leichter, und wir werden stärker, fast größer als die alltäglichen Prüfungen und Probleme, die die Welt uns in den Weg stellen kann.

Mit Selbstdisziplin werden unsere Erwartungen gesünder und stimmen mehr mit der Realität überein. Unsere Arbeit wird fokussierter und zielgerichteter und wir sind in der Lage, mehr zu erreichen. Selbstdisziplin ist nicht etwas, das wir einfach beschließen, dass wir es wollen oder in der Theorie für eine gute Idee halten. Sie ist eine Praxis, für die wir uns immer wieder aufraffen, jeden Tag und jeden Moment, und die wir bereit sind, in der Arena unserer gelebten Erfahrung zu erarbeiten. Mit anderen Worten: Selbstdisziplin ist eine Gewohnheit in einer Welt, in der es am einfachsten ist, den Weg des geringsten Widerstands zu gehen oder den Fallen des „Erfolg haben, ohne es zu versuchen" zum Opfer zu fallen, die uns überall umgeben.

Es mag zunächst logisch erscheinen, dem Vergnügen nachzugehen – wenn es sich gut anfühlt, muss es gut sein, oder? Aber wenn es eine Sache gibt, die wir mit äußerster Sicherheit wissen, dann ist es, dass sich die

Dinge um uns herum verändern *werden*, dass wir an dem einen oder anderen Punkt Leid ertragen *müssen* und dass wir uns unwohl fühlen und gezwungen sein *werden*, uns Dingen zu stellen, von denen wir uns wünschen, dass wir sie nicht erleben müssten. Wenn wir dieses Wissen haben, ist es dann nicht besser, vorbereitet zu sein, als blind ein schillerndes Ziel zu verfolgen, ohne darüber nachzudenken, was man tun wird, wenn dieses Ziel nicht so verläuft, wie man es geplant hat?

Zu lernen, wie man Not, Ungewissheit, Zweifel und Risiko toleriert, während die Dinge in Ordnung sind (d.h. bevor diese Dinge Ihnen aufgezwungen werden), gibt Ihnen die Möglichkeit, Ihre Disziplin zu üben und zu entwickeln, damit Sie auf künftiges Unbehagen vorbereitet sind. Ja, es bedeutet, dass das Barfußlaufen Sie „immuner" macht, eines Tages ohne Schuhe laufen zu müssen. Aber es bedeutet auch, dass Sie weniger daran gebunden sind, Schuhe zu brauchen, und dass Sie tief in sich spüren, dass Sie mehr als fähig sind, auf Herausforderungen zu reagieren und sie zu ertragen. Dies ist eine Haltung der Befähigung. Es geht darum, die Herausforderungen des Lebens frontal zu betrachten und sich zu entscheiden, sie anzunehmen und mit Würde und Mut zu reagieren.

Das Üben von Toleranz ist ein „Impfstoff", mit dem Sie sich gegen zukünftiges Unbehagen im Allgemeinen impfen. Widrigkeiten werden Sie immer noch belasten, aber Sie werden sie mit dem ruhigen Vertrauen durchstehen, dass sie Sie nicht umbringen werden. Wie könnte es auch, wenn Sie alles schon einmal durchgestanden haben und nur gestärkt daraus hervorgegangen sind?

Sie können Ihren Fokus darauf richten, Vergnügen zu maximieren und sich weigern, sich mit Schmerz zu beschäftigen; oder Sie können anerkennen, dass das Leben beabsichtigt, Ihnen haufenweise Dosen von beidem zu servieren, und wenn Sie sich mit Reife und Weisheit vorbereiten, können Sie ruhig bleiben und diese Wellen reiten, im Vertrauen darauf, dass Sie Ihre Fähigkeit entwickelt haben, zu gedeihen.

Bereiten Sie sich also vor, solange es noch einfach ist. Warten Sie nicht darauf, dass das Leben Sie zwingt, die Lektionen zu lernen, die Sie lernen müssen. Ergreifen Sie die Initiative, indem Sie gleich jetzt Selbstdisziplin entwickeln. Die Veränderung ist nur eine kleine, aber sie hat großen Einfluss darauf, wie Sie sich selbst und das Leben angehen. Die Idee ist einfach: Treten Sie aus Ihrer Komfortzone heraus. Geben Sie sich selbst das Geschenk der Möglichkeit, stärker zu werden.

Hier ist eine kurze Passage aus den *Meditationen* des römischen Kaiser-Philosophen Marcus Aurelius, die veranschaulicht, was wir verlieren, wenn wir uns dem Unbehagen hingeben und keine Schritte in Richtung dessen unternehmen, was wir im Leben wollen:

„Wenn Sie morgens Schwierigkeiten haben, aus dem Bett zu kommen, sagen Sie sich: 'Ich muss zur Arbeit gehen – als menschliches Wesen. Worüber soll ich mich beschweren, wenn ich das tue, wofür ich geboren wurde – das, wozu ich auf die Welt gebracht wurde? Oder ist es das, wofür ich geschaffen wurde? Um mich unter die Decke zu kuscheln und warm zu halten?'

'Aber hier ist es schöner...'

Sie wurden also geboren, um sich 'gut' zu fühlen? Anstatt Dinge zu tun und sie zu erleben? Sehen Sie nicht, wie die Pflanzen, die Vögel, die Ameisen und Spinnen und Bienen ihren individuellen Aufgaben nachgehen und die Welt in Ordnung bringen, so gut sie können? Und Sie sind nicht bereit, Ihre Aufgabe als Mensch zu erfüllen? Warum laufen Sie nicht los, um zu tun, was Ihre Natur verlangt?

'—aber irgendwann müssen wir doch schlafen...'

Das ist richtig. Aber die Natur hat dem eine Grenze gesetzt – wie auch dem Essen und Trinken. Und Sie sind über dem Limit. Davon hatten Sie mehr als genug. Aber nicht von der Arbeit. Da sind Sie noch unter Ihrer Quote. Sie lieben sich nicht genug. Sonst würden Sie auch Ihre Natur lieben und das, was sie von Ihnen verlangt. Menschen, die lieben, was sie tun, zermürben sich dabei, sie vergessen sogar, sich zu waschen oder zu essen."

Polymathen sind Menschen, die, wie Marcus Aurelius sagt, „lieben, was sie tun" – und sie sind bereit, Unannehmlichkeiten in Kauf zu nehmen, wenn sie dadurch auf lange Sicht ihre Ziele erreichen und ein erfülltes Leben führen können.

Wichtige Erkenntnisse:

- Die Menge an Wissen, die ein Polymath hat, kann sich völlig von der eines anderen Polymathen unterscheiden, aber in ihrem Kern sind sie sich extrem ähnlich. Das liegt an dem Antrieb, der Neugierde und der Offenheit, die nötig sind, um pi- oder kammförmig zu werden, im Gegensatz zur einfachen T-Form. Glauben Sie zum Beispiel, dass jemand wie Leonardo da Vinci auf ein Problem schaute, mit dem er nicht vertraut war, und sagte: „Darum wird sich jemand anderes kümmern, ich werde jetzt ein Nickerchen machen"? Wahrscheinlich nicht.

- Die erste mentale Eigenschaft von Polymathen ist extreme Anpassungsfähigkeit und Offenheit. Was auch immer das Hindernis ist, es kann umschifft oder umgangen werden. Es kann gelöst werden. Um dies zu erreichen, müssen Sie flexibles und einfallsreiches Denken verkörpern und dürfen nicht durch Konventionen oder persönliche Gewohnheiten gebunden sein. Sie müssen offen sein für neue Perspektiven und das Ungewohnte und Neue. Wer war zum Beispiel der erste Mensch, der sich die Euter einer Kuh ansah und dachte, dass man das, was herauskommt, trinken sollte?
- Zweitens leben Polymathen experimentell. Das soll nicht heißen, dass sie immer traditionelle wissenschaftliche Experimente durchführen; vielmehr wenden sie die wissenschaftliche Methode an, indem sie alles, was ihnen begegnet, analysieren und erforschen. Sie fühlen sich dabei

sicher und wollen einfach neue Informationen gewinnen und ihre Neugierde stillen. Es ist fast so, als könnten sie sich selbst nicht davon abhalten, es zu tun.

- Drittens verkörpern Polymathen die Anfängermentalität, die eigentlich viel nützlicher ist als die Expertenmentalität. Wenn Sie ein Anfänger sind, haben Sie zehnmal mehr Fragen als Antworten. Und das ist eine gute Sache. Es bringt Sie dazu, zuzuhören, zu hinterfragen und tiefer zu graben. Experten tappen allzu oft in die Falle, dass sie annehmen, sie wüssten zu viel, was unweigerlich zu blinden Flecken führt. Die Denkweise des Anfängers sollte in Kombination mit kritischem Denken angewandt werden, und zusammen schaffen sie eine würdige Untersuchungslinie.

- Viertens: Polymathen haben einen Glauben an sich selbst. Ob es nun gut platziert oder wahnhaft ist, sie glauben, dass sie ihr Ziel erreichen werden. Viele Menschen sind ihre eigenen schlimmsten Feinde, wenn es um das Lernen geht. Aber das spricht für etwas noch Grundlegenderes: den Glauben an die eigene Handlungsfähigkeit, oder die Fähigkeit zu handeln und etwas zu erreichen. Das bedeutet, dass der Output gleich dem Input ist, innerhalb vernünftiger Erwartungen. Man kann ein Ziel nicht erreichen, wenn man nicht zuerst daran glaubt, dass man dazu fähig ist.

- Schließlich können Polymathen als unerbittlich beschrieben werden. Wie sonst würden Sie Menschen mit tiefem Wissen in mehreren Bereichen beschreiben? Unerbittlich zu sein kann definiert werden als das Überwinden von Hindernissen und Unbehagen um jeden Preis. Und doch ist oft der einzige wirkliche Preis, einfach nur unbequem zu sein. Polymathen haben ein Höchstmaß an Selbstdisziplin, denn bei Null anzufangen, selbst wenn man sich für ein Thema interessiert, ist schwierig, ermüdend und kann zu massiver Verwirrung führen. Aber so ist das Leben. Und sich mit dieser Ungewissheit wohlzufühlen, ist eine Fähigkeit, die einen unerbittlich zu Punkt B gelangen lässt.

Kapitel 3. Vom Neuling zum Experten in 10 Schritten

Sie müssen wahrscheinlich nicht mehr überzeugt werden, was die Vorteile eines Universalgelehrten angeht. Das sollte an dieser Stelle eine Selbstverständlichkeit sein. Stattdessen ist es nun an der Zeit, sich dem "Wie" dieses Buches zuzuwenden. *Wie* lernen Sie eine Fähigkeit, die Sie ausgewählt haben? *Wie tauchen* Sie am besten in ein neues Wissensgebiet ein? *Wie erweitern* Sie Ihren Horizont und machen den ersten Schritt zum Polymath?

Zunächst werden wir die vier grundlegenden Schritte erkunden, um ein neues Thema zu erforschen und uns darauf vorzubereiten, das Wissen und die Fähigkeiten zu beherrschen, die für uns am nützlichsten sein werden. Dazu gehören: (1) Der breite Überblick, (2) Eingrenzung des Bereichs, (3) Definition des Erfolgs und (4) Zusammenstellung der Ressourcen. In den folgenden fünf Schritten werden wir dann den Fokus und die entwickelten Ressourcen nutzen, um einen Lehrplan zu erstellen und durchzuführen, der es uns ermöglicht, am effektivsten zu lernen. Zum Schluss werden wir ein vierteiliges Notizzettel-System durchgehen, das ein viel tieferes Verständnis eines Themas gewährleistet.

Schritt 1: Der breite Überblick

Der erste wichtige Schritt ist, sich mit den Grundlagen des gewählten Themas zu beschäftigen. Wir benötigen einige einführende Kenntnisse über das Thema, über das wir uns informieren wollen, bevor wir dazu übergehen. Der Hauptzweck dieses Schrittes ist es, den Umfang und die Komplexität unseres Themas zu bestimmen. Gibt es Unterthemen innerhalb dieses Themas? Was sind die absolut wesentlichen Details, die wir wissen müssen oder Vorbereitungen, die wir treffen sollten, bevor wir versuchen, es zu meistern? Ist das, was wir lernen wollen, überhaupt dasselbe wie das Thema, das wir gewählt haben? Was bringt dieses Thema oder diese Fähigkeit wirklich mit sich?

Feststellen, wo Ihre Interessen liegen

Ein gründliches Studium unseres Themas ist an dieser Stelle nicht notwendig; wir müssen uns lediglich mit dem vertraut machen, was wir lernen wollen. Nehmen wir zum Beispiel an, dass Sie lernen wollen, wie man programmiert. Bevor Sie diese Aufgabe in Angriff nehmen, müssen Sie ableiten, was Kodierung bedeutet, was die verschiedenen Methoden oder Sprachen der Kodierung sind, wie man mehr über verschiedene Kodierungssysteme und die Unterthemen innerhalb dieser Systeme lernen kann usw. Während Sie diesen Schritt durchführen, werden Sie wahrscheinlich feststellen, dass Ihr gewähltes Thema, in diesem Fall die Programmierung, viel zu breit gefächert ist und dass Ihr eigentliches Interessensgebiet eine bestimmte Sprache ist (C++, Python, etc.).

Der nächste Schritt ist die Eingrenzung des Themas, die sich aber darauf beschränkt, genug über das Thema zu verstehen, um es verständlich zu diskutieren und selbst herauszufinden, was der wahre Umfang ist.

Drei wichtige Fragen

Jetzt ist es an der Zeit, sich mit den Einzelheiten zu befassen, wie genau Sie vorgehen müssen, um dieses große Bild Ihres Interessengebiets zu erhalten. Dazu müssen Sie drei Fragen beantworten. (1) Worum handelt es sich? (2) Wie umfangreich ist das Thema? (3) Was ist ein geeigneter Ausgangspunkt für den Versuch, es zu lernen?

Was die erste Frage betrifft, müssen wir bestimmen, wie wir mit dem Lernen über das gewählte Thema beginnen können. Ist das Thema etwas Grundlegendes, das ein Laie in wenigen Stunden erfassen kann, oder ist es zu komplex, wie z. B. die Kernphysik, als dass sich ein Ungeübter damit beschäftigen könnte? Wie viel Literatur wurde diesem Thema gewidmet und wie viel müssen Sie lernen, um das Thema angemessen zu verstehen?

Wir müssen diese Fragen beantworten, bevor wir mit der zweiten Frage fortfahren. Das wiederum führt zu unserer dritten Frage, wie Sie Ihr Thema eingrenzen können, um darin Kompetenz zu erlangen. Meistens wählen wir am Anfang vage, übergreifende Themen wie Codierung, nur um dann festzustellen, dass sich unser Interesse auf einen Ausschnitt des breiteren Themas beschränkt. Wir müssen herausfinden, welcher konstitutive Teil es ist, den Sie zu lernen versuchen.

Unser primäres Ziel ist es, genau herauszufinden, was wir über das von uns gewählte Thema wissen und was wir nicht wissen. Dies ist unabdingbar, damit wir anfangen können, über Dinge wie Umfang, bevorzugte Unterthemen usw. nachzudenken. Das werden wir im nächsten

Schritt tun, wenn wir bestimmen, was genau wir lernen wollen.

Wenn Sie Schwierigkeiten haben, Ihr Thema auf das Wesentliche, das für Sie relevant ist, einzugrenzen, gibt es einige Tipps, die Sie befolgen können und die Ihnen helfen könnten. Erstens: Das Internet ist eine unschätzbare Datenbank mit verschiedenen Ablagen zu allen Themen. Von Wikipedia-Seiten über individuell gehostete Blogs bis hin zu den verschiedenen Büchern, die online verfügbar sind – sie alle bieten unterschiedliche Perspektiven, die auf einzigartige Weise gestaltet sind. Sie müssen beim Lesen nicht allzu viel Konzentration aufwenden – ein einfaches Durchblättern reicht aus. Alles, was Sie tun müssen, ist, die drei unten aufgeführten Fragen zu beantworten, damit Sie eine Grundlage für das Erlernen Ihres gewählten Themas haben. Hier geht es um Quantität und nicht um Tiefe.

Hier ist ein Beispiel, um Sie bei diesem Unterfangen zu unterstützen. Mein Thema ist die Kunst der Renaissance, und ich werde eine flüchtige Google-Suche einleiten, um zu erfahren, was das ist. Denken Sie daran, das Ziel ist nur, sich mit den Grundlagen vertraut zu machen. Zunächst werde ich versuchen, eine gute Beschreibung dessen zu finden, was Renaissance-Kunst ist, die verschiedenen Arten von Renaissance-Kunst und so weiter.

Es gibt bestimmt eine Wikipedia-Seite zur Kunst der Renaissance, und das ist immer ein geeigneter Ausgangspunkt. Diese Seiten sind in der Regel voll von Details, die das Thema umfassend erklären. Aber auch wenn die Seite zu Ihrem Thema kurz ist, wird sie Ihnen zumindest eine Zusammenfassung geben. In vielen Fällen reicht es aus, die Wikipedia-Seite von Anfang bis Ende zu lesen, um sich in ein Thema einzuarbeiten.

Zusätzlich zu Wikipedia werde ich auch die anderen Links durchgehen, die meine Google-Suche ergibt. Das hilft mir zu beobachten, wie Menschen verschiedener

Richtungen und Demografien über die Kunst der Renaissance diskutieren. Wenn mich die Informationen, die ich über diese Links erhalte, nicht zufrieden stellen, könnte ich bei Amazon nach einigen Büchern zum Thema suchen und versuchen, anhand der Ergebnisse einige allgemeine Informationen zu erhalten. Sowohl Amazon als auch Google Books bieten „Vorschau"-Funktionen an, mit denen Leser einen Teil des Buches sehen können, ohne es zu kaufen.

Wenn Sie Schritt 1 abgeschlossen haben, werden Sie wahrscheinlich einige Aspekte Ihres Themas identifizieren, an denen Sie nicht interessiert sind, und andere, die für Sie eher nützlich sind. Das bringt uns zum nächsten Schritt in diesem Prozess.

Schritt 2: Den Bereich eingrenzen

Schritt 2 besteht darin, den Umfang des gewählten Themas zu bestimmen. Zunächst haben wir ein relativ vages Thema genommen und versucht, es nach dem zu gliedern, was wir eigentlich lernen wollen. Nachdem wir Schritt 1 abgeschlossen haben, sind wir wahrscheinlich bei dem spezifischen Unterthema angekommen, auf das wir uns konzentrieren wollen. Jetzt hilft uns Schritt 2, den Umfang dieses engen Unterthemas zu bestimmen. Einfacher ausgedrückt: Wir haben mit etwas Großem begonnen, es in Stücke zerlegt und entschieden, welches Stück uns am besten gefällt.

Nehmen wir wieder unser vorheriges Beispiel der Programmierung: Wir haben ein breites Thema in spezifische Sprachen unterteilt und uns auf eine oder wenige Sprachen geeinigt, die wir lernen wollen. Wir würden uns schwer tun, alle existierenden Programmiersprachen zu lernen, aber wenn wir uns auf eine oder zwei konzentrieren, haben wir eine viel höhere Erfolgschance.

Zerlegung des Themas

Wir Menschen erledigen Aufgaben besser, wenn wir sie in ihre Bestandteile zerlegen und jeden Teil einzeln angehen. Wir müssen hier die gleiche Strategie anwenden. Das Unterthema, das wir ausgewählt haben, wie auch das übergeordnete Thema, von dem wir es abgeleitet haben, kann an und für sich oft viel zu umfangreich sein. Wenn unser Thema zum Beispiel Physik wäre und wir es in Kernphysik, Atomphysik, klassische Physik usw. aufteilen würden, könnte es ein Leben lang dauern, diese Unterthemen zu beherrschen.

Unser Ziel ist es, den angemessenen Umfang für unser Thema so abzuleiten, dass es ein paar Wochen bis einen Monat dauert, um es zu erfassen. Man kann immer ein großes Thema nehmen, sagen wir die Atomphysik, es in seine prominenten Teilgebiete zerlegen und jedes nacheinander lernen. Aber um erfolgreicher zu sein, brauchen wir eine realistische und vernünftige Vorstellung davon, wie viel Atomphysik für unser Lernen notwendig ist.

Wenn Menschen versuchen, etwas Neues zu lernen, ist es oft so, dass der Umfang überhaupt nicht zu ihren Überlegungen gehört. Sie machen sich keine Gedanken über die tatsächliche Tiefe ihres Themas oder darüber, wie sie das Lernen in einer angemessenen Zeit abschließen können. Das Ergebnis ist, dass sie ihr Ziel nie erreichen. Ich werde Ihnen helfen, den Erfolg zu erreichen, indem Sie zunächst einen angemessenen Umfang festlegen, der innerhalb eines praktikablen Zeitrahmens erlernt werden kann. Dieser Zeitraum muss auch sorgfältig gewählt werden, damit Sie sich maximal auf die Aufgabe konzentrieren können.

Verknüpfung von Theorie und Anwendung

Jetzt werden wir sehen, wie Sie die Theorie mit der Anwendung verbinden können. Um zu unserem Beispiel der Kunst der Renaissance zurückzukehren, bin ich zu drei verschiedenen Unterteilungen innerhalb der Kunst der Renaissance gekommen. Das mag nicht mit der Liste der Unterthemen übereinstimmen, die ein Experte auf diesem Gebiet aufstellen würde, aber meine eigene Forschung hat mich dazu gebracht, die Kunst der Renaissance in Künstler und Bewegungen in bestimmten Ländern einzugrenzen und zu sehen, wie sie später in der Zeit zusammenlaufen.

Um es noch einmal zu betonen: Sie müssen Ihre eigene Methode anwenden, um

Themen in kleine Teile zu zerlegen. Sie organisieren die Informationen für Ihre eigenen spezifischen Ziele, nicht basierend darauf, wie andere es getan haben. Perfektion ist völlig unnötig. Wenn Sie mehr Fachwissen erlangen, werden Sie lernen, wie Sie Informationen durch die Techniken, die andere für den gleichen Zweck verwendet haben, besser klassifizieren können.

Der Hauptgrund für die Begrenzung des Umfangs ist, dass wir uns nicht überfordern wollen. Unsere Aufgabe in diesem Schritt ist es, einfach die wesentlichen Dinge zu definieren, die wir lernen müssen, um unser gewähltes Thema zu verstehen. Zunächst haben wir mit einem breiten Unterthema begonnen, der Kunst der Renaissance, und nun haben wir festgelegt, welche spezifische Art von Kunst wir lernen wollen - die italienische Kunst der Renaissance.

Schritt 3: Definieren Sie Erfolg

Eine entscheidende Lektion, die mich das Leben gelehrt hat, ist, dass man nirgendwo ankommt, wenn man nicht weiß, wo man hin will. Wenn man erfolgreich sein will, muss man definieren, was Erfolg ist, bevor man ihn erreichen kann. Aus diesem Grund müssen wir in Schritt 3 lernen, wie man Erfolg definiert. Für diesen Schritt müssen wir ein objektives, messbares Erfolgskriterium entwerfen, damit wir wissen, ob wir es mit mathematischer Gewissheit erfüllt haben. Anhand dieser Kriterien werden wir feststellen, ob wir unser Ziel, das Thema, das wir lernen wollten, zu beherrschen, erreicht haben.

Erfolg definieren und messen

Der beste Weg, diesen Schritt effektiv zu vollziehen, ist, sich zu überlegen, warum Sie überhaupt beabsichtigen, das gewählte Fach zu lernen. Gibt es eine bestimmte Aufgabe oder Funktion, die Sie durch das Erlernen des gewählten Themas erfüllen möchten? Nehmen wir zum Beispiel an, Sie möchten etwas über digitale Fotografie lernen. In diesem Fall könnte Ihr Ziel in etwa so lauten: „Ich werde lernen, wie man ein professionelles Porträt aufnimmt und die Einstellungen der Kamera in den manuellen Modi verwendet, während man gleichzeitig die Beleuchtung richtig einsetzt."

Das Ziel des Erlernens der Digitalfotografie und die Kriterien der Verwendung manueller Modi zusammen mit der Manipulation der Beleuchtung sind beide fundiert. Um die Digitalfotografie vollständig zu beherrschen, müssten Sie alle ihre verschiedenen Unterthemen kennenlernen, und je nach Ihrer Motivation für das Erlernen der Digitalfotografie könnte es sehr befriedigend sein, dieses Ergebnis durch Ihre Lernerfahrung zu erreichen. Der wesentliche Punkt, an den Sie sich hier erinnern sollten, ist, dass Sie ein fest definiertes Ziel haben, dessen Erfüllung an den von Ihnen festgelegten erforderlichen Kriterien gemessen werden kann. Idealerweise sollte Ihr Ziel darin bestehen, etwas zu lernen, das Ihnen einen praktischen Nutzen bringt, da die Anwendung Ihrer neuen Fähigkeiten Ihren gesamten Lernprozess verstärkt und es Ihnen leichter fällt, das erworbene Wissen zu behalten.

Ein Beispiel

Wie zuvor schauen wir uns nun ein konkretes Beispiel an, wie man Erfolg definiert. In meinem Fall habe ich mich bemüht, etwas über die Kunst der Renaissance zu lernen. Dann habe ich den Umfang eingegrenzt und bin bei einem bestimmten Unterthema angekommen – der italienischen Renaissancekunst. Als Nächstes werde ich bestimmen, was es bedeutet, die Kunst der italienischen Renaissance gelernt zu haben, oder die Kriterien des Erfolgs. Zu diesem Zweck verwende ich ein einzeiliges Lückensystem, das als Vorlage dient: Ich habe __ gelernt, wenn __.

In diesem Fall habe ich beschlossen, dass ich genug über die Kunst der italienischen Renaissance gelernt habe, wenn ich durch das Uffizien-Museum in Florenz, Italien, gehen und als Fremdenführer bestehen kann. Oder wenn ich einen Online-Kurs über die Kunst der italienischen Renaissance belegen kann, alle Kurse überspringen kann und trotzdem eine Eins in der Abschlussprüfung bekomme. Oder, als weitere Option, wenn ich die fünf wichtigsten Wikipedia-Artikel über italienische Renaissance-Kunst lesen kann und nichts Neues lerne.

Nachdem ich nun einige grundlegende Eindrücke davon habe, wie mein Endziel und der Weg dorthin aussehen, kann ich von diesem Weg aus rückwärts arbeiten, um mein Ziel zu erreichen. Der Zweck von Schritt 3 ist es, zu definieren, was diese Schritte sind, und sie wiederum zu nutzen, um zu bestimmen, was genau wir lernen wollen.

Schritt 4: Ressourcen zusammenstellen

Erlauben Sie mir, den falschen Weg zu beschreiben, mit dem die meisten Menschen versuchen, ein Thema zu lernen. Ich habe mich selbst schon schuldig gemacht, ihn zu benutzen. Das ist der Besuch der nächsten Buchhandlung oder die Suche auf Amazon, um ein Buch zu dem gewählten Thema zu finden und dieses Buch von vorne bis hinten zu lesen. Der Grund, warum dies eine nicht so ideale Methode ist, liegt darin, dass ein Buch zwangsläufig nicht die verschiedenen

Perspektiven zu einem bestimmten Thema abdecken kann.

Um ein Beispiel aus der Schule zu nehmen: Haben Sie jemals eine Buchbesprechung geschrieben, die nur eine Quelle im Literaturverzeichnis zitiert hat? Ist das bei Ihrem Lehrer gut angekommen? Wahrscheinlich hat es zu einer Sechs geführt, weil eine einzige Quelle oft nur einen Standpunkt vertritt. Dennoch vertrauen wir immer noch auf einzelne Quellen, um uns über Themen zu informieren, die für unser Berufsleben relevant sind. Um diesen Fehler zu vermeiden, wird in Schritt 4 das Auffinden von Quellen besprochen.

Ressourcen richtig zusammenstellen

Für diesen Schritt müssen wir jede Ressource, die wir zu unserem Thema finden können, zusammenstellen, ohne sie zu filtern. Angesichts der Vielzahl und der unterschiedlichen Medien, die für die Weitergabe von Informationen verwendet werden, ist es ratsam, sich die Methode der Zusammenstellung gut zu überlegen, um einen Blick über den Tellerrand zu werfen.

Wie man sich vorstellen kann, sind Bücher wahrscheinlich die effizienteste Ressource von allen. Versuchen Sie, einige geeignete Bücher über Amazon zu finden, aber ziehen Sie auch andere Medien wie Blogs, Kurse usw. in Betracht.

Es gibt auch andere Möglichkeiten, Ressourcen zu sammeln. Vielleicht haben Sie einen Freund oder Bekannten, der mit dem von Ihnen gewählten Thema vertraut ist. Sie könnten einen Experten um Rat zu Ihrem Interessengebiet bitten. Sie können sich Podcasts anhören. Sie können in Zeitschriftenartikeln stöbern. Dies sind nur einige Ideen, die Sie nutzen können, um Ressourcen zu finden. Das Ziel dieses Schrittes beschränkt sich auf das einfache Finden von Ressourcen. Eine minimale Filterung ist hier angebracht, da Sie keine Ressourcen sammeln möchten, die sich letztendlich als unwirksam erweisen. Die Priorität liegt jedoch darin, die Anzahl der guten Ressourcen, die Ihnen zur Verfügung stehen, zu maximieren.

Um meinen Standpunkt zu verdeutlichen, beginne ich meine Suche nach Ressourcen zur italienischen Renaissancekunst. Mein Ausgangspunkt wird Amazon sein, da Bücher im Allgemeinen die entsprechenden Informationen bieten, die zum Erlernen eines Themas benötigt werden. Wir werden unsere Ergebnisse analysieren, sobald wir eine Routinesuche zur italienischen Renaissancekunst durchgeführt haben. In meinem Experiment entdeckte ich zunächst einige Bücher, aber keines schien relevant zu sein, um italienische Renaissance-Kunst zu schaffen, außer einem, das vergriffen war und einen lächerlichen Preis hatte.

Nach Amazon ist Google unsere nächste Datenbank, um Ressourcen zur italienischen Renaissancekunst zu finden. Die Suche nach dem Begriff ergibt eine riesige Liste von Ressourcen mit mehreren Tutorials zu diesem Thema. Nachdem ich die verfügbaren Optionen bewertet habe, erstelle ich einen Ordner für Lesezeichen zur italienischen Renaissancekunst und fülle ihn mit den Links, die ich für relevant halte. Ich komme zu meinen Entscheidungen nicht, nachdem ich irgendeinen dieser Inhalte gelesen oder mich mit ihnen beschäftigt habe. Sie basieren ausschließlich auf dem, was mir als hilfreiche Ressource erscheint, ohne bewusste Filterung.

Mit anderen Worten, ich bin einfach auf der Suche nach so vielen hochwertigen Ressourcen, wie ich finden kann. Nach meiner Suche auf Google werde ich Facebook und Twitter durchforsten, um einzelne Historiker oder Organisationen ausfindig zu machen, die hilfreich sein könnten. Vielleicht suche ich sie auf, um sie um Rat zu fragen, wie ich ein Thema lernen kann, oder um sie als Ressource zu nutzen, wenn ich bei meinen Versuchen, das Thema zu studieren, Schwierigkeiten habe.

Schritt 5: Erstellen eines Lehrplans

In den letzten vier Schritten haben Sie ein breites Thema ausgewählt, es auf einen vernünftigen Umfang eingegrenzt und die Kriterien definiert, die erfüllt sein müssen, damit Sie Ihr gewähltes Thema beherrschen. Sie haben sogar einige Ressourcen zusammengestellt, die Ihnen bei diesem Vorhaben helfen. In Schritt 5 lernen Sie, wie Sie einen Lernplan für Ihr

Thema erstellen. Dies ist vergleichbar mit dem Erstellen einer Gliederung über das, was Sie lernen wollen. Um diesen Schritt abzuschließen, müssen Sie das/die Unterthema(s), das/die Sie gewählt haben, in noch kleinere Teile aufteilen.

Die Rolle der Module in einem Lernplan

Der Einfachheit und Übersichtlichkeit halber werden wir diese Unterabschnitte „Module" nennen. Jedes Modul ist entweder ein bestimmtes Unterthema innerhalb des von Ihnen definierten engen Rahmens, oder es könnte in Form eines Schritts formuliert werden. In Ihrem Plan müssen Sie die verschiedenen Unterthemen bestimmen, die Sie abdecken müssen, um bei unserem Beispiel, der Kunst der italienischen Renaissance, zu bleiben, sowie die Reihenfolge, in der Sie sie lernen müssen.

Eine gute Möglichkeit, sich für diesen Schritt zu orientieren, ist die Analyse des „Inhaltsverzeichnisses" in den Büchern, Videos oder Blogs, die Sie zuvor ausgewählt haben. So lernen Sie, wie andere das von Ihnen gewählte Thema gegliedert haben. Sie können sich deren Struktur ausleihen und sogar sehen, wie alles anfängt, zusammenzulaufen und sich zu überschneiden. Beobachten Sie als Übung, ob zehn verschiedene Autoren Ihr Thema auf die gleiche Art und Weise aufgegliedert haben. Wenn dies der Fall ist, sollten Sie die gleiche Struktur in Ihrem Lernplan verwenden.

Am Ende dieses Schrittes sollten Sie eine Reihe von Modulen zusammengestellt haben, die dann entsprechend sortiert werden müssen. Diese Module müssen sich auf das Wesentliche beziehen, das Sie lernen müssen, um Ihr gewähltes Thema in den Griff zu bekommen. Anhand der zehn verschiedenen Autoren können Sie auch ein Gefühl dafür bekommen, welche Sichtweisen auf Ihr Thema weniger häufig enthalten sind. Diese sind wahrscheinlich weniger populär, und daher können Sie ihnen vielleicht weniger Aufmerksamkeit schenken.

Schritt 6: Filter, Filter, Filter

Es gibt normalerweise eine Vielzahl von Ressourcen zu einem bestimmten Thema, aber wir haben einfach nicht die Zeit, sie alle durchzusehen. Der Versuch, jedes Buch, jeden Blogbeitrag oder jeden Artikel zu einem Thema zu lesen, ist zum Scheitern verurteilt. Das bringt uns zu Schritt 6, nämlich zu lernen, wie wir unsere Ressourcen filtern können. In diesem Schritt ist unser primäres Ziel, unsere Ressourcensammlung zu beschneiden, um nur das Beste zu erhalten und zu vermeiden, dass wir von all den Materialien, die wir gesammelt haben, überwältigt werden.

Da wir in Schritt 4 unsere Ressourcen überhaupt nicht gefiltert haben, besteht keine Chance, dass eine gute Quelle an uns vorbeischlüpft, wodurch wir unser Potenzial maximieren, die besten Lernhilfen zu erhalten. Zu wissen, was wir lernen wollen, wird zusammen mit dem Lernplan, den wir erstellt haben, entscheidend dafür sein, wie wir unsere Ressourcen filtern. Dies hilft Ihnen auch finanziell, da Sie nicht zehn verschiedene Bücher bei Amazon kaufen müssen, um über ein einziges Thema zu lernen. Stattdessen ist es vorteilhafter, ein oder zwei der besten Bücher auszuwählen.

Sie können Ihre Auswahl entweder auf der Grundlage treffen, ob bestimmte Bücher den Modulen entsprechen, die Sie in Ihrem Lernplan entworfen haben, oder auch nur, indem Sie nach bestimmten Kapiteln in diesen Büchern suchen, die diese Funktion erfüllen. Der wichtigste Teil dieses Schritts besteht darin, Ihre Ressourcen sorgfältig und effizient zu durchforsten und die besten unter ihnen auszuwählen. Im Idealfall gilt: Je weniger Ressourcen Sie haben, desto besser.

Auswahl der besten Ressourcen

Schalten wir von der italienischen Renaissance-Kunst einen Gang höher.

Nehmen wir an, ich möchte Philosophie lernen und habe eine Liste von Ressourcen zusammengestellt, die mir bei diesem Vorhaben helfen sollen. Die Philosophie-Bücher, die ich auf Amazon entdeckt habe, hatten keinen Bezug zu meinem Hauptzweck, das Thema zu lernen. Das sollte aber kein Problem sein, da die meisten meiner Ressourcen in Form von Blogbeiträgen und Artikeln im Web zu finden waren. Ich entdeckte auch mehrere Philosophie-Kurse und Tutorials, und jetzt werde ich sie analysieren, um festzustellen, welche die besten sind.

Ich muss nicht jede einzelne gesammelte Ressource durchgehen; ich kann meine Auswahl danach treffen, was mir als die am besten geeignete Ressource erscheint. Denken Sie daran, dass unser Ziel hier ist, sowohl diese Ressourcen effektiv zu organisieren, um die besten zu entdecken, als auch die Kosten für den Kauf von zu vielen zu reduzieren. Das Fehlen von Büchern vereinfacht unsere Aufgabe in hohem Maße. Wir haben zwar die Tutorials und Kurse, auf die wir zurückgreifen können, aber ich muss Google durchforsten, um weitere Ressourcen zu entdecken, während ich die benutze, die ich bereits habe.

Eines der philosophischen Elemente, die ich lernen wollte, war das Konstruieren von Argumenten. Wenn ich eine flüchtige Suche nach Ressourcen zum Konstruieren von logisch gültigen Argumenten durchführe, entdecke ich einige relevante Artikel zu diesem Thema. Obwohl wir an dieser Stelle keine neuen Ressourcen hinzufügen sollen, ist es akzeptabel, die Regeln in dieser Hinsicht leicht zu biegen. Sie werden unweigerlich neue Ressourcen entdecken, während Sie lernen. Das Ziel hier ist es, einen Kernsatz von Ressourcen zu haben. Ich bin mir ziemlich sicher, dass zu den Ressourcen, die ich beibehalten werde, die lange Liste von Tutorials gehören, die ich über Argumentation und Philosophie entdeckt habe. Ich werde auch einige der Artikel aufbewahren, die ich früher durchgelesen habe.

Meine Intuition zwingt mich zu der Annahme, dass ich zwischen den Tutorials und Artikeln, die ich zusammengetragen habe, genug Ressourcen habe, um philosophische Argumentation gründlich zu lernen. Wenn Ihre Ressourcen jedoch auch Bücher umfassen, müssen Sie einige zusätzliche Anstrengungen unternehmen, um herauszufinden, welche für Sie die besten sind. Ich werde auch in Betracht ziehen, einige Freunde zu kontaktieren, die

Philosophie als Hauptfach studiert haben, oder einige zeitgenössische Philosophen auf Twitter aufzuspüren. Deren Ratschläge sind an und für sich schon eine großartige Ressource.

Ein weiterer wichtiger Punkt, an den Sie sich bei diesem Schritt erinnern sollten, ist, dass, selbst wenn Sie eine große Anzahl von Ressourcen genommen und sie auf das Wesentliche eingegrenzt haben, z. B. auf nur ein paar Bücher, es nicht bedeutet, dass Sie alle Bücher von vorne bis hinten lesen müssen. Es ist durchaus akzeptabel, einfach ein paar Kapitel aus diesen Büchern zu lesen, um die für Sie wichtigsten Informationen zu erhalten. Der gesamte Zweck der Auswahl dieser bestimmten Ressourcen ist, dass Sie ein bestimmtes Thema lernen, das Sie zuvor ausgewählt haben, und nicht, dass Sie alle Informationen aufnehmen.

Jede Ressource in ihrer Gesamtheit durchzugehen, wird Ihnen nicht unbedingt mehr helfen als selektives Lernen. Tatsächlich wird ersteres Sie erheblich verlangsamen. Zeit ist ein wichtiger Faktor in diesem Prozess, und wir wollen uns auf die Informationen beschränken, die in unseren Ressourcen enthalten sind und sich explizit auf den Inhalt unserer Module beziehen.

Schritt 7: Eintauchen

In der folgenden Reihe von Schritten, von 7 bis Schritt 10, müssen wir jeden Schritt auf jedes einzelne Modul in unserem Lernplan anwenden. Wenn Sie diese Schritte verstanden haben, wenden Sie sie auf jedes aufeinanderfolgende Modul an, bis Sie Ihren Lernplan fertiggestellt haben.

In Schritt 7 geht es darum, genug über Ihr Thema oder Modul zu lernen, um es dann ausführlicher zu erfassen. Laienhaft ausgedrückt bedeutet dies, dass Sie unabhängig davon, was Ihr Modul ist, einige grundlegende Informationen finden müssen, bevor Sie versuchen, es weiter zu vertiefen.

Nehmen wir an, Sie wollen Argumentation in der Philosophie lernen. In diesem Fall wollen Sie wissen, was eine Prämisse und eine Konklusion sind und wie ein Syllogismus aufgebaut ist. Dies sind die Grundbausteine eines Arguments. Hier ist es entscheidend, nicht zu spezifisch zu werden, da wir nur rudimentäre Informationen benötigen, um anzufangen. Der nächste Schritt lässt uns mehr Freiheit, wie wir an das Lernen herangehen, da wir dort versuchen werden, die Dinge selbständig zu lernen.

Der Zweck dieses Schritts ist also einfach, eine grundlegende Vertrautheit mit einem bestimmten Modul zu erlangen, damit Sie es im nächsten Schritt selbstständig erkunden können. Verbringen Sie hier nur wenig Zeit. Das absolute Minimum, das Sie benötigen, um ein Modul kennenzulernen, reicht aus.

Demonstration von Schritt 7

Um diesen Schritt zu demonstrieren, nehme ich das Beispiel meines ersten Moduls in dem Lernplan, den ich für Philosophie erstellt habe, nämlich zu lernen, wie man logisch gültige Argumente konstruiert. Hier geht es mir in erster Linie darum, die grundlegenden Komponenten eines stichhaltigen Arguments abzudecken. Ich brauche einfach genug Informationen, um zu verstehen, woraus ein gültiges Argument besteht und auf welche verschiedenen Arten ein vernünftiges Argument aufgebaut sein kann. Später kann ich dann diese verschiedenen Wege und Komponenten erforschen, um meine bevorzugten Methoden des Argumentierens zu bestimmen.

Zu Beginn werde ich einfach wieder nach philosophischer Argumentation suchen. Das wird mich unweigerlich zu den Tutorials führen, die ich zuvor entdeckt habe und von denen ich einige durchgehen werde. Innerhalb der verschiedenen Tutorials werde ich versuchen, die verschiedenen Wege zu beobachten, auf denen diese Anleitungen ein gültiges Argument konstruieren und warum sie eine bestimmte Methode wählen.

Eine häufige Unterüberschrift ist „Wo fange ich an?", die vermutlich vorschreibt, wie man am besten anfängt, über Argumentation zu lernen – unser Ziel in diesem Schritt. Die meisten Tutorials umreißen einige grundlegende Konzepte, die jeder erfassen kann, um zu lernen, wie man besser argumentiert. Die Ressourcen, die wir in dieser Phase zu Rate ziehen, sind alle völlig kostenlos, ein Faktor, der ihre Qualität als Lernanleitung nicht beeinträchtigt.

Wie erwähnt, listen sie einige grundlegende Konzepte auf, mit denen wir uns vertraut machen können, um zu verstehen, worum es bei der Argumentation geht. Während ich ihnen zuhöre, werde ich mir die Konzepte notieren, die für mein Modul am relevantesten zu sein scheinen.

Ich werde auch einige der anderen Ressourcen, die ich gesammelt habe, durchforsten, um zu beobachten, welche Wege sie empfehlen, den Prozess des Lernens von Argumentation zu beginnen. Als Nächstes werde ich einige Freunde oder Bekannte kontaktieren, die mit diesem Thema besser vertraut sind. Ich werde sie fragen: Welche Methoden haben sie gelernt? Wie kann ich Argumentation am besten und einfachsten verstehen?

Mein Ziel ist es hier nur, die Grundlagen der Argumentation zu verstehen, damit ich für den nächsten Schritt vorbereitet bin. An diesem Punkt lerne ich nicht, wie man tatsächlich ein gültiges Argument konstruiert. Ich will einfach nur wissen, was ein gutes Argument ausmacht, damit ich im nächsten Schritt verschiedene Methoden ausprobieren kann.

Schritt 8: Erkundung

Wie bereits versprochen, geht es in diesem Schritt um eigenständiges Erkunden. In der Tat wird Schritt 8 liebevoll „herumspielen" genannt. Das primäre Ziel hier ist es, einfach auf der Grundlage Ihrer Instinkte zu erkunden, ohne zu versuchen, einen bestimmten Zweck zu erreichen. Dieses Experimentieren bezieht sich natürlich auf das jeweilige Modul, auf das Sie sich konzentrieren.

Wenn sich Ihre Module auf ein technikorientiertes Thema konzentrieren, dann ist dieser Schritt vielleicht leichter zu bewältigen, da Sie einfach mit verschiedener Software herumspielen müssen. Wenn es um den Einsatz von Software oder Programmen geht, besteht

Ihr Hauptziel darin, sich mit diesen verschiedenen Werkzeugen vertraut zu machen, um deren Funktionsweise zu verstehen.

Wenn Ihr Thema etwas weniger Greifbares und mehr Theoretisches ist, zum Beispiel Geschichte oder Philosophie, ist dies der Punkt, an dem Sie darüber nachdenken müssen, worüber genau Sie etwas lernen wollen, und dann einige Hypothesen darüber bilden, wie sich diese Konzepte oder Prozesse manifestieren und wie Sie am besten damit beginnen können, sie zu lernen.

Warum herumspielen?

Das entscheidende Ziel dieses Schrittes ist es, unseren Verstand anzuregen, die richtigen Fragen zu unseren Modulen zu stellen. Diese Fragen werden das wichtigste Ergebnis dieses Schritts sein. Im nächsten Schritt, wenn wir tatsächlich dazu übergehen, den Inhalt unseres Moduls konkret zu lernen, werden wir versuchen, diese Fragen zu beantworten.

Ihr Verstand ist geschickter darin, sich Informationen in Form von Fragen und Antworten zu merken, als wenn ihm einfach eine Wand aus Text oder Daten präsentiert wird. Aus diesem Grund haben wir uns im vorherigen Schritt darauf beschränkt, die grundlegendsten Informationen zu unseren Modulen zu sammeln, denn wir wollen nicht anfangen, etwas über ein Thema zu lernen, ohne einige passende Fragen dazu gestellt zu haben.

Das macht auch diesen Schritt kritisch für den größeren Prozess. Dennoch geht es hier darum, einfach „herumzuspielen". Es gibt kein bestimmtes Ziel, an das Sie denken müssen, während Sie diese Fragen formulieren. Die Idee ist, einfach zu erkunden, bis Ihr Verstand organisch einige Fragen zu dem Modul entwickelt, auf das Sie sich konzentrieren.

Experimentieren mit Argumentation

An diesem Punkt muss ich nun mit einigen der grundlegenden Konzepte der philosophischen Argumentation herumspielen, die ich im vorherigen Schritt gelernt habe. Diese Konzepte beschränken sich auf diejenigen, die ich als wesentlich erachtet habe, basierend darauf, wie häufig sie in meinen Ressourcen verwendet wurden.

Wie bereits erwähnt, bedeutet das, dass ich einige brauchbare Hypothesen darüber aufstellen muss, wie ich ein gültiges Argument auf der Grundlage des angehäuften Grundwissens konstruieren kann. Im Idealfall habe ich, wenn ich mich ausreichend mit diesem Thema beschäftigt habe, einige Fragen, die in den von mir gesammelten Artikeln und Tutorials beantwortet werden.

Im vorherigen Schritt habe ich gelernt, was eine Prämisse und eine Schlussfolgerung sind – zwei der Komponenten eines gültigen Arguments. Nun ist es mein Ziel, zu verstehen, wie man diese Elemente zu einem stichhaltigen Argument kombiniert. Intuitiv scheint dies nicht sehr schwierig zu sein. Ich habe eine Reihe von Prämissen oder Annahmen über ein bestimmtes Thema und verwende sie, um eine Schlussfolgerung zu ziehen, auf die die Prämissen hinweisen.

Drei Wege zur Erkundung eines Moduls

Nehmen wir zum Beispiel an, dass meine Prämissen sind, dass der Himmel heute bewölkt ist und dass für heute Regen vorhergesagt ist. Meine Schlussfolgerung, basierend auf der Tatsache, dass Bewölkung die Wahrscheinlichkeit von Regen und die Vorhersage von Regen durch ein Vorhersagenetzwerk impliziert, muss sein, dass es heute regnen wird. Obwohl dies intuitiv Sinn zu machen scheint, kann ich nicht sicher sein, dass die Struktur dieses Arguments tatsächlich gültig ist.

Nachdem ich jedoch mit den Konzepten von Prämisse und Schlussfolgerung herumgespielt habe, kann ich mit verschiedenen Arten von Argumenten aufwarten. Im Anschluss daran könnte eine Frage sein, warum eine Art von Argument gültig ist und eine andere nicht, etwas, das ein Artikel oder ein Tutorial zu diesem Thema beantworten können sollte.

Eine andere Möglichkeit, mit diesen Konzepten herumzuspielen, wäre zu versuchen, einige Prämissen aus einer gegebenen Schlussfolgerung abzuleiten.

Nehmen wir das gleiche Beispiel: Wenn ich annehme, dass es heute regnen wird, welche Prämissen oder Informationen brauche ich dann, damit diese Schlussfolgerung wahr ist? Einige Beispiele sind eine Vorhersage von Regen, Bewölkung, die Berücksichtigung der Jahreszeit usw. Während dies auch intuitiv wahr zu sein scheint, ist es strukturell ganz anders als das vorherige Argument. Welches von beiden ist gültig, wenn nicht beide?

Wie ich gezeigt habe, habe ich einfach die verschiedenen Möglichkeiten erkundet, wie ich die Konzepte von Prämisse und Schlussfolgerung verwenden kann, um ein gültiges Argument zu bilden. Eine andere Möglichkeit besteht darin, eine Schlussfolgerung unter Verwendung einiger Prämissen zu bilden und diese Schlussfolgerung dann als Prämisse für die Ableitung einer zweiten Schlussfolgerung zu verwenden.

Wenn ich also aus einigen Prämissen abgeleitet habe, dass es heute regnen wird, kann ich diese Schlussfolgerung nutzen, um eine weitere zu bilden, nämlich dass ich meine Pläne heute vielleicht absagen muss. Ohne dass ich es weiß, sind alle drei Arten des Argumentierens gültig. Im nächsten Schritt, wenn ich die gültigen Arten, ein Argument zu konstruieren, tatsächlich lerne, werde ich sie leichter verstehen, weil ich mir einige selbst ausgedacht habe.

Diese Phase des Herumspielens wird auch dazu führen, dass ich einige Fragen formuliere, z.B. welche Art zu argumentieren gültig ist, wie man Prämissen und Schlussfolgerungen am besten anordnet, usw. Es kann nicht genug betont werden, dass diese Fragen organisch aus einem Prozess des Experimentierens und Herumspielens entstehen müssen. Deshalb brauchen Sie nur die Grundlagen zu erforschen, und die Fragen werden danach schnell folgen.

Schritt 9: Klärung

Bisher haben Sie einige grundlegende Informationen über das betreffende Modul erlangt. Sie haben auch schon selbstständig experimentiert. In diesem Schritt geht es also um konkretes Lernen. Während wir vorher genug gelernt haben, um einfach loszulegen, werden wir jetzt genug Informationen über unser Modul erhalten, um es praktisch zu nutzen. In diesem Schritt geht es auch darum, die Fragen zu beantworten, die Sie sich im vorherigen Schritt gestellt haben. Wenn Sie mit technologischen Werkzeugen oder Software herumgespielt haben, haben Sie wahrscheinlich einige Fragen, da Sie keinerlei Anleitung erhalten haben.

In diesem Schritt werden Sie versuchen, zumindest einige dieser Fragen zu beantworten, wenn nicht sogar alle von ihnen. Dazu müssen Sie die verschiedenen Ressourcen, die Sie zuvor zusammengetragen haben, erneut aufrufen und sie verwenden, um erstens alle Fragen zu beantworten, die Sie sich ausgedacht haben, und zweitens so viel Wissen wie möglich zu erwerben. Setzen Sie diesen Prozess fort, bis Sie glauben, dass Sie genug über dieses spezielle Modul gelernt haben.

Theorie und Praxis im Gleichgewicht

Hier ist es ratsam, zwischen dem Erlernen neuer Dinge und deren praktischer Anwendung hin und her zu gehen, um Ihr neu erworbenes Wissen zu festigen. Durch meine Erfahrungen habe ich festgestellt, dass ich immer dann, wenn ich versuche, etwas Neues zu lernen, besonders wenn es mit Technologie zu tun hat, am produktivsten bin, wenn ich meine Zeit zwischen Lernen und praktischer Anwendung aufteile. Obwohl dies stark davon abhängt, worüber Sie lernen, könnte es hilfreich sein, einige Möglichkeiten zu entdecken, wie Sie Ihr Wissen umsetzen können, damit Sie das, was Sie lernen, auch üben können. Dies wird Ihnen helfen, Ihre Fähigkeiten auf natürliche Weise zu entwickeln und schneller zu lernen.

Beantwortung Ihrer Fragen

In diesem Abschnitt zeige ich am Beispiel der Konstruktion logisch gültiger Argumente zum Thema Philosophie, wie dieser Schritt umgesetzt werden kann. Zunächst muss ich alle gesammelten Ressourcen noch einmal durchgehen. Sie werden sich erinnern, dass ich im vorherigen Schritt einfach zwei Grundbegriffe – Prämisse und Konklusion – genommen habe und mit den verschiedenen Möglichkeiten herumgespielt habe, wie ich sie ausrichten könnte, um ein Argument zu finden, ohne zu wissen, ob es tatsächlich gültig ist. Jetzt habe ich versucht zu verstehen, welche Methoden der Argumentation tatsächlich stichhaltig sind und welche Vorzüge oder Nachteile die Verwendung einer Methode gegenüber einer anderen mit sich bringt, nachdem ich mir meine Ressourcen angesehen habe.

Das führte mich zu meinem ersten Experiment zurück, bei dem ich einige Prämissen nahm und daraus eine Schlussfolgerung bildete. Diese Methode des Argumentierens wird deduktives Schließen genannt und ist die zuverlässigste Form der Argumentation. Daher ging ich zurück zu meinen Ressourcen und erweiterte mein Wissen zu diesem Thema nach besten Kräften zusammen mit der korrekten Art, ein deduktives Argument zu bilden.

Es wird hilfreich sein, sich daran zu erinnern, dass mein primäres Ziel hier ist, zu lernen, wie ich gültige Argumente für die alltägliche Konversation mental und effizient konstruieren kann. Wenn ich die deduktive Argumentation nicht intuitiv anwenden kann, entfällt der Grund, sie zu lernen.

Wie Sie beobachtet haben, bin ich selbst auf die deduktive Argumentation gekommen, aber sie hat sich als eine legitime Methode des Argumentierens herausgestellt. Dieser Prozess hilft Ihnen oft, Dinge selbst zu lernen, einfach durch Experimentieren oder Versuch und Irrtum.

In diesem Schritt habe ich mich bemüht, etwas über das deduktive Schließen zu erfahren und habe dazu einige Google-Recherchen durchgeführt. Ich habe daraufhin die verschiedenen Möglichkeiten studiert, Prämisse und Schlussfolgerung innerhalb des Moduls des deduktiven Denkens zu orientieren. Dadurch kann ich nun logische Schlussfolgerungen aus einem beliebigen Datensatz ziehen. Wenn man mir zum Beispiel sagt, dass jemand ehrlich ist und seine Versprechen hält, folgt daraus, dass die Person wahrscheinlich vertrauenswürdig ist.

Was ich getan habe, ist im Wesentlichen alle verschiedenen Methoden der Argumentation zu erforschen und dann so viel wie möglich über deduktives Schließen zu lernen, um zu verstehen, wie man logisch gültige Argumente konstruiert. Offensichtlich habe ich das deduktive Denken noch nicht gemeistert. Ich habe noch keine komplexen Argumente konstruiert, aber ich kann jetzt mit dem Lernen fortfahren, da ich die Grundlagen erfolgreich erfasst habe.

Wie ich bereits erwähnt habe, wird dieser Prozess je nach Art Ihres Moduls und Themas sehr unterschiedlich sein. Der entscheidende Punkt, an den Sie sich erinnern sollten, ist jedoch, dass Sie versuchen, einige praktische Anwendungen für Ihr Wissen zu entdecken und etwas Übung zu erlangen, um alles, was Sie gelernt haben, zu festigen, bis Sie glauben, dass Sie Ihr Modul wirklich verstehen.

Schritt 10: Unterrichten

Wir sind beim letzten Schritt dieses Prozesses angelangt, und es ist der wichtigste. Nach meiner Erfahrung wird dieser Schritt am ehesten ignoriert. Wenn Sie diesen Schritt lesen, bitte ich Sie inständig, damit fortzufahren, denn er wird sich mit Sicherheit als unschätzbar wertvoll für Ihr Lernen erweisen. Die Bedeutung dieses Schrittes kann nicht genug betont werden. Er beinhaltet das Unterrichten anderer. Mit anderen Worten, das Hauptziel dieses Schrittes ist es, eine Bestandsaufnahme des gesamten Wissens zu machen, das wir erworben haben, und es jemand anderem beizubringen.

Dies kann verschiedene Formen annehmen. Lehren bedeutet nicht unbedingt, dass Sie eine Reihe von Videos zusammenstellen oder Blogbeiträge schreiben müssen. Dieser Schritt kann so einfach sein, wie ein Gespräch mit jemandem zu führen und zu beschreiben, was Sie gelernt haben. Sie können diesen Austausch mit Ihrem Ehepartner, einem Freund oder einem Bekannten führen. Der entscheidende

Punkt ist, dass Sie alle Informationen, die Sie gesammelt haben, sammeln und versuchen müssen, sie in einfachere Worte zu fassen, die von jemandem verstanden werden können, der mit dem Thema nicht vertraut ist.

Dieser Schritt wird Ihren Verstand dazu zwingen, Ihr Wissen so zu organisieren, dass es praktischer genutzt werden kann. Die Wichtigkeit dieses Schrittes liegt in der Tatsache, dass Sie beim Versuch, alle Informationen, die Sie haben, zu reorganisieren und weiterzugeben, unweigerlich Lücken in Ihrem Verständnis entdecken werden, die Sie zwingen werden, Ihre Ressourcen zu überarbeiten, um sie zu schließen. Es wird auch Ihr Wissen auf einer tieferen Ebene verankern, aufgrund des massiven Unterschieds zwischen dem einfachen Wiederkäuen von erworbenem Wissen und dem Verständnis, das Sie haben, um es jemand anderem beibringen zu können.

Methoden der Lehre

Ich habe hier ein paar Vorschläge. Mein erster Vorschlag ist, ein YouTube-Video zu

Ihrem größeren Thema zu erstellen. Alternativ könnten Sie auch eine Präsentation oder einen Blogbeitrag erstellen. Wenn Ihnen beides nicht zusagt, können Sie die gewonnenen Informationen auch einfach niederschreiben, entweder in Form eines Buchkapitels oder etwas anderem.

Oder Sie können, wie ich bereits erwähnt habe, einfach ein Gespräch mit jemandem beginnen. Unabhängig von der Methode, die Sie anwenden, ist es entscheidend, diesen Schritt zu befolgen, da er alles, was Sie bisher gelernt haben, verstärken wird. Es wird Ihren Verstand dazu zwingen, neue Perspektiven auf den Lernstoff einzunehmen und ihn so zu formulieren, dass Sie ihn sich besser merken und anwenden können. Bevor Sie versuchen, ein bestimmtes Thema zu unterrichten, haben Sie wahrscheinlich nur ein oberflächliches Verständnis davon. Sobald Sie jedoch einer anderen Person etwas beigebracht haben, vertieft sich Ihr Verständnis für dieses Thema unermesslich.

Fazit

Damit sind wir am Ende unseres letzten Schrittes angelangt. Der nächste Schritt besteht darin, die Schritte 7-10 für jedes einzelne Modul in Ihrem Lernplan zu wiederholen, bis Sie jedes einzelne Modul abgeschlossen haben. Um die Zeit zu sparen, die Sie für das wiederholte Nachschlagen dieser Schritte aufwenden müssen, gibt es einen einfachen Trick, um sie sich zu merken. Zuerst sammeln wir grundlegende Informationen, um mit einem Modul zu beginnen, experimentieren und erforschen die Ideen, die wir haben, und gehen dann zum konkreten Lernen über, bevor wir unser neu erworbenes Wissen jemand anderem beibringen. Eine Eselsbrücke dafür ist LSLU – lernen, spielen, lernen, unterrichten. Wiederholen Sie dieses Mantra einfach für jedes einzelne Modul in Ihrer Lernskizze.

Bevor Sie mit dem Unterrichten beginnen, können Sie den Zyklus von Lernen, Spielen, Lernen auch mehrmals wiederholen. Dies könnte für einige Module verlockend sein, die umfangreicher sind und interessante Tangenten enthalten, die es wert sind, verfolgt zu werden. Es ist durchaus akzeptabel, etwas länger zu lernen, bevor Sie weitermachen. Wenn Sie der Meinung sind, dass Sie genug gelernt haben, nutzen Sie diese Informationen, um selbständig zu erforschen, und ergänzen Sie dann Ihr Wissen für geeignete praktische Anwendungen und zur Beantwortung von Fragen, die Sie sich vielleicht gestellt haben.

Das Besondere an diesem Lernprozess ist, dass Sie Ihre eigene Neugier als Mechanismus nutzen, um Ihr Lernen zu motivieren. Das erklärt, warum wir erst einmal ausreichend lernen, um loszulegen – das weckt unsere Neugier und ermutigt uns, weiterzumachen. Es erklärt auch, warum wir experimentieren und uns unsere eigenen Fragen ausdenken. Und schließlich erklärt es, warum wir zu diesen Fragen zurückkehren, um sie beantworten zu können. Wir nutzen unsere eigene Neugierde, um zu lernen.

Es ist unerlässlich, dass Sie sich auch an den letzten Schritt erinnern, nämlich das Unterrichten. Das Unterrichten ist von entscheidender Bedeutung, wenn Sie wirklich ein tieferes Verständnis für Ihr

Thema wünschen und wenn Sie Ihr Verständnis wirklich herausfordern wollen, um es weiter zu stärken.

Die Macht der Notizen

Diese Methode kombiniert das Beste, was ich gefunden habe, in einem System, das meiner Meinung nach das gründlichste und hilfreichste ist. Notizen werden bei jedem einzelnen Schritt eine zentrale Rolle spielen, denn sie werden im Wesentlichen zu Ihrem zweiten Gehirn, auf das Sie sich beziehen, mit dem Sie Informationen organisieren und überprüfen.

Ich empfehle vier Schritte, um Notizen zu machen, die zu einem tiefen Verständnis Ihres Studienfachs führen. Meine Methode erfordert zwar mehr Arbeit als normales Notizenmachen, aber das ist Teil dessen, was sie effektiver macht. (Tut mir leid, in diesem Buch sollte es nie irgendwelche Abkürzungen geben, nur intelligentere Ansätze.)

Anstatt zuzulassen, dass das Notieren eine kurze, meist passive Übung ist, zwingt meine Strategie Sie dazu, die wichtigsten

Punkte in Ihrem Thema hervorzuheben und die hervorstechenden Informationen für sich selbst in Ihren eigenen Worten zu extrahieren. Es ermöglicht Ihnen, die Informationen, die Sie erlernen, auf eine zuverlässige, systematische Art und Weise zu verarbeiten und auszuarbeiten, was das Lernen und Behalten von Informationen unendlich viel einfacher macht.

Die vier Schritte sind: (1) normales Notieren mit möglichst vielen Details, (2) Zusammenfassen der Informationen in eigenen Worten, Klären der Bedeutung und Notieren von Fragen, (3) Verbinden dieser speziellen Information mit der Lektion als Ganzes und dann (4) Beantworten der verbleibenden Fragen und erneutes Zusammenfassen jeder einzelnen Seite oder jedes Abschnitts.

Der erste Schritt meiner Methode besteht darin, dass Sie sich Notizen machen, wie Sie es normalerweise tun würden. Schreiben Sie die Informationen ab, die Sie wissen müssen, wenn Sie auf das Material stoßen, *aber lassen Sie zwei leere Zeilen unter jeder Ihrer Notiz*. Diese Zeilen geben Ihnen

Platz, um die Informationen im zweiten und dritten Schritt zu verarbeiten und zu analysieren. Um die Informationen optimal zu behalten, ist es am besten, wenn Sie mit diesen späteren Schritten sofort nach Beendigung des Kurses, des Videos oder der Lektüre beginnen. Der erste Schritt besteht also darin, einfach so weiterzumachen, wie Sie es normalerweise tun würden, und zwar so detailliert, wie Sie können.

Wenn Sie z. B. die Ernährung von König Heinrich VIII. recherchieren, könnten Sie schreiben (die folgenden Informationen sind alle zur Veranschaulichung erfunden): „König Heinrich und sein Hofstaat verzehrten bis zu zwanzig verschiedene Fleischsorten auf einmal. Weniger zu servieren, galt als Beleidigung für die Adligen der damaligen Zeit. Gemüse und Wein wurden ebenfalls serviert, aber der Fokus lag auf dem Fleisch, da es als Zeichen von Reichtum und Status galt."

Schritt 2: Sobald Sie Ihre ersten Notizen gemacht haben, gehen Sie zu dem über, was meine Methode wirklich von anderen Formen des Notierens unterscheidet. Sie beginnen auf der zweiten Zeile für jede Notiz, wo Sie Platz gelassen haben, und Sie fassen das, was Sie in Schritt eins geschrieben haben, in einem vollständigen Satz zusammen. Dabei ist es wichtig, dass Sie nicht einfach die ursprüngliche Notiz wiederholen, auch wenn Sie Ihre Notizen in vollständigen Sätzen gemacht haben. Es ist wichtig, dass Sie die Notiz mit Ihren eigenen Worten in eine Sprache umwandeln, die Ihnen hilft, die Bedeutung zu verstehen. Im Idealfall gelingt es Ihnen, eine tiefere Verständnisebene zu erschließen. Versuchen Sie wirklich, Verbindungen herzustellen und Beziehungen innerhalb der Informationen zu finden.

Dies ist nicht auf jede Information anwendbar, aber tun Sie es trotzdem. Warum? Obwohl es redundant erscheinen kann, hilft die Wiederholung selbst, das Wissen in Ihrem Gedächtnis zu festigen. Die Betonung auf der Wiederholung des Wissens in Ihren eigenen Worten und in einem völlig kohärenten, vollständigen Satz erfordert, dass Sie die Informationen verarbeiten und auf ihrer Bedeutung herumkauen, wodurch sie sich tiefer in Ihrem Gedächtnis verankern.

Wenn Sie die Informationen aus unserem obigen Beispiel umformulieren, könnten Sie schreiben: „Die Ernährung von Heinrich VIII. bestand hauptsächlich aus Fleisch. In jenen Jahren erwarteten reiche und adlige Leute eine Menge verschiedener Fleischsorten und fühlten sich beleidigt, wenn ihnen zu wenig Abwechslung geboten wurde. Wein und Gemüse spielten keine große Rolle."

In der zweiten Zeile Ihrer Notizen können Sie auch alle Fragen auflisten, die Sie zu den Notizen aus Schritt eins haben. Dies sind Punkte zur Klärung oder Lücken in Ihrem Wissen, von denen Sie meinen, dass Sie sie brauchen, um sich ein vollständiges Bild zu machen. Bevor Sie zum nächsten Schritt meiner Methode übergehen, denken Sie darüber nach, in welche Richtung diese Informationen führen könnten und was das alles bedeutet. Unabhängig davon, ob Sie die Frage beantworten können oder nicht, wird es Ihnen helfen, sich an die Fakten zu erinnern, wenn Sie tief genug über das

Thema nachdenken, um eine Frage zu formulieren.

Fragen, die Sie sich über die Ernährung Heinrichs VIII. stellen könnten, sind: „Welche gesundheitlichen Auswirkungen hatte eine so proteinreiche Ernährung?" oder „Wie viele Menschen waren daran beteiligt, täglich so viel Fleisch zu bekommen, und wie haben sie das gemacht?" oder „Was aßen die Bauern im Gegensatz dazu?" oder „Was hielten andere Adlige aus anderen Kulturen oder Ländern für einen hohen Status?"

Verwenden Sie einen Textmarker oder einen andersfarbigen Stift, um diesen Abschnitt hervorzuheben, da dies die eigentlichen Informationen und Botschaften sind, die Sie aus dem Brain-Dump des ersten Schritts extrahiert haben. Es ist eigentlich unwahrscheinlich, dass Sie jemals auf das zurückgreifen werden, was Sie im ersten Schritt produziert haben.

Schritt 3: In der dritten Zeile, der letzten leeren Zeile, die Sie für sich selbst gelassen haben, geben Sie alle Verbindungen an, die Sie zwischen dem Thema dieser Notiz und dem breiteren Thema, das Sie studieren, finden können. Wenn Sie feststellen, dass der Inhalt Ihrer Notiz eine Art von Ursache-Wirkungs-Beziehung mit dem umfassenderen Thema hat, schreiben Sie das hier.

Wenn diese neuen Informationen Ihnen helfen, die motivierenden Faktoren zu verstehen oder die Ereignisse miteinander zu verbinden, oder wenn sie Ihnen erlauben, die Perspektive/Wahrnehmungen der Leute zu erraten, schreiben Sie auch diese hier auf. Alles, was Sie tun können, um Querverbindungen zu verwandten Informationen herzustellen, sollte hier aufgeschrieben werden, damit die Verbindungen – und damit die ursprünglichen Informationen – zu beständigen Bewohnern Ihrer Gedächtnisbanken werden können.

Die Faustregel ist, einfach zu fragen, wie die Information hineinpasst und warum sie wichtig ist. Um unserem Beispiel zu folgen, nehmen wir an, die größere Lektion handelt vom Leben und Vermächtnis Heinrichs VIII.

Warum sind Informationen über seine Ernährung und Essgewohnheiten wichtig?

Hier könnte man also anmerken, dass die königliche Ernährung in dramatischem Gegensatz zur Ernährung der Bauern stand, die größtenteils aus Obst, Gemüse und herzhaftem Getreide bestand, das sie selbst anbauten. Vielleicht führte dies dazu, dass Heinrichs Untertanen ihn hassten und schließlich hinrichteten. Sie könnten auch feststellen, dass solche üppigen, stattlichen Mahlzeiten wahrscheinlich zu der bekannten Fettleibigkeit Heinrichs VIII. beitrugen. Schließlich könnten Sie auch sehen, dass diese Art von Opulenz ein Zeichen dafür war, wie absurd reich der Adel zu dieser Zeit war. Oder vielleicht war es auch nur eine interessante Anekdote, um seine Opulenz zu illustrieren.

Finden Sie heraus, wie die Informationen zu einer Gesamterzählung oder Geschichte beitragen. Sehen Sie sie als einen lebendigen und atmenden Faktor anstelle eines trockenen Faktoids.

Schritt vier: Der letzte Schritt meiner Methode besteht darin, auf jeder Seite (bzw.

in jedem zutreffenden Abschnitt) eine Pause einzulegen, um eine Zusammenfassung der Informationen aus dem zweiten und dritten Schritt zu schreiben. Stellen Sie außerdem sicher, dass Sie versuchen, die Fragen anzusprechen, die Sie im zweiten Schritt geschrieben haben, falls sie noch zutreffend sind.

Der letzte Schritt schafft eine vierte Möglichkeit für Sie, die Informationen, die Sie auf dem Papier lernen, noch einmal durchzugehen, zu synthetisieren und umzuwandeln. Wenn die meisten Menschen Informationen einmal überprüfen, dann haben Sie es viermal auf vier verschiedene Arten getan. Zu sagen, dass dies hilfreich ist, wäre eine Untertreibung. Die geistige Arbeit wird einen großen Beitrag dazu leisten, dass Sie sich wirklich an die Fakten, die Sie lernen, erinnern und die Implikationen dieser Informationen verstehen. Das hilft Ihnen nicht nur, die Informationen zu verstehen, sondern auch, sie bei Bedarf anzuwenden und zu manipulieren.

Um Ihre Notizen über die Ernährung Heinrichs VIII. abzuschließen, schreiben

Sie: „Der Hof Heinrichs VIII. erwartete, dass er zu jeder Mahlzeit zehn Arten von Fleisch verzehrte. Dieser Fleischkonsum war für die damalige Zeit ungewöhnlich, da sich die meisten Menschen nicht viel Fleisch leisten konnten und nur Obst, Gemüse und Getreide verzehrten, das sie selbst anbauen konnten. Das mag der Grund sein, warum Heinrich VIII. und Menschen, die so aßen wie er, fettleibig waren. Ich frage mich, wie sie so viel Fleisch bekamen und welche anderen gesundheitlichen Auswirkungen diese Ernährung hatte? Welche Auswirkungen hatte diese Art von Ausgaben auf die Wahrnehmung seines Volkes?"

Wie Sie sehen können, zollt meine Methode dem Notieren den Respekt und die Aufmerksamkeit, die es verdient. Wenn wir uns Notizen machen, nehmen wir nicht nur Informationen auf, sondern wir erstellen den mentalen Bauplan dafür, wie wir diese Informationen für alle Zeiten wahrnehmen und verstehen. Das ist unsere Chance, einen akkuraten und tiefgreifenden ersten Eindruck zu hinterlassen, den wir nicht mit normalen Notizen verderben können. Die

Methode führt zu einem viel tieferen, viel besser integrierten Wissenssatz – und genau das ist es, was Informationen haften bleiben lässt.

Wichtige Erkenntnisse:

- Ich bin mir ziemlich sicher, dass Sie keine weitere Überzeugung brauchen, um ein Polymath zu werden. Anstatt also auf dem „Warum" herumzureiten, können wir uns dem „Wie" zuwenden, um ein Universalgelehrter zu werden. Das bedeutet, dass Sie Ihren Geist ausdehnen und in mindestens einer neuen Disziplin oder einem neuen Wissensgebiet bei Null anfangen müssen. Es wird ein mühsamer, anstrengender und frustrierender Prozess sein. Aber es wird weniger von diesen Dingen sein, wenn Sie einen richtigen Plan haben.
- So kommen wir zu einem 10-Schritte-Prozess zum Erlernen eines neuen Themas von Grund auf. Eigentlich ist der Titel eines jeden Schrittes ziemlich beschreibend für den Prozess selbst:

o Gewinnen Sie einen breiten Überblick.

o Grenzen Sie den Bereich Ihres gewünschten Wissens oder Ihrer gewünschten Fähigkeit ein.

o Definieren Sie, was Erfolg für Sie bedeutet und arbeiten Sie rückwärts, um einen Angriffsplan zu erstellen.

o Stellen Sie die Ressourcen zusammen – achten Sie hier auf die Menge.

o Erstellen Sie einen Lehr- und Lernplan auf der Grundlage aller gesammelten Ressourcen.

o Filtern und kuratieren Sie die gefundenen Ressourcen basierend auf dem, was Sie erreichen wollen.

o Tauchen Sie ein und lassen Sie sich von Informationen berieseln.

o Nachdem Sie ein Grundverständnis für alles erlangt haben, erforschen Sie, spielen Sie und entdecken Sie die Grenzen Ihres Verständnisses mit Fragen.

- Beantworten Sie die Fragen, die Sie im vorherigen Schritt formuliert haben, und stellen Sie die Verbindungen her, die Ihnen gefehlt haben.
- Bringen Sie diese Fähigkeit oder Information jemand anderem bei, um Ihr Verständnis zu festigen, und auch als Spiegel, um zu sehen, was Sie noch nicht verstehen.

- Etwas, das unausgesprochen und doch allgegenwärtig in diesem gesamten Prozess ist, sind Notizen. Notizen fungieren im Grunde als Ihr zweites Gehirn. Hier schreiben Sie Ihre Erkenntnisse auf, stellen Verbindungen her, überprüfen und fassen Informationen zusammen. Wenn Sie Ihre Notizen richtig organisieren und optimieren, können sie die Struktur Ihrer neuen Informationen oder Fähigkeiten werden. Aber das ist ein großes Wenn. So kommen wir zu einer speziellen Methode des Notizenmachens, die meine Wenigkeit zusammengestellt hat. Sie ist nicht einfach, aber genau das ist der Punkt.

- Die vier Schritte sind: (1) normales Notieren mit so vielen Details wie möglich, (2) Zusammenfassen der Informationen in eigenen Worten, Klären der Bedeutung und Notieren von Fragen, (3) Verbinden dieser speziellen Information mit der Lektion als Ganzes und dann (4) Beantworten der verbleibenden Fragen und erneutes Zusammenfassen jeder einzelnen Seite oder jedes Abschnitts.

Kapitel 4. Beabsichtigte Entdeckung

Inzwischen sollte klar sein, dass das, was Polymathen und andere intelligente Menschen unterscheidet, nicht die Fähigkeiten an sich sind, sondern die Einstellung dahinter. Wenn Sie daran interessiert sind, Ihre eigenen Fähigkeiten zu entwickeln, ist es natürlich, sich zu fragen: „Was genau soll ich lernen?"

Die Antwort auf diese Frage liegt auf der Hand: Es kommt auf Ihre Zwecke an.

Sie könnten sich entscheiden, dass Sie ein vielfältigeres Inventar an Fähigkeiten anstreben wollen, um sich auf dem Markt wettbewerbsfähiger zu machen, ein besserer Geschäftsmann oder Unternehmer zu werden, oder ein bisschen von beidem. Indem Sie sich diese Frage stellen, haben Sie bereits begonnen, die Perspektive zu wechseln und Ihren Geist für Möglichkeiten außerhalb eng definierter Berufsbilder zu öffnen.

Lassen Sie sich von denen inspirieren, die Sie bewundern. Schauen Sie sich die Jobs oder Positionen an, die Sie anstreben, und stellen Sie sich vor, welche Fähigkeiten und Fertigkeiten nützlich sein könnten. Bereiche wie öffentliches Reden, alles, was kritisches Denken fördert, die Entwicklung von Zeitmanagement- oder Führungsfähigkeiten oder die damit verbundenen sozialen Fähigkeiten, die mit Ihrem Beruf einhergehen, sind ein logischer Ort, um anzufangen.

Aber vielleicht wollen Sie, ganz im Sinne eines Renaissance-Menschen, Polymathie wegen ihrer eigenen angeborenen Tugenden verfolgen, jenseits ihrer Vorteile an dem einen oder anderen Arbeitsplatz. Vielleicht wollen Sie einfach mehr lernen und vielseitiger werden, weil Ihr Leben

selbst ein Projekt ist, das für Sie das größte
Interesse und die größte Bedeutung hat,
und Sie sind inspiriert, das zu sein, was Sie
in diesem Leben sein können, angesichts
Ihrer Stärken und Grenzen.

Aber wo soll man anfangen? Eine gute
Möglichkeit, damit zu beginnen, ist eine
Bestandsaufnahme Ihrer Fähigkeiten,
Neigungen, Persönlichkeitsmerkmale,
Geschichte und Erfahrungen. Was haben
Sie, was sonst niemand hat? Inwiefern sind
Sie Ihr eigenes, einzigartiges Selbst, auf eine
Art und Weise, wie es niemand sonst sein
kann? Welche Meinungen und Ideen und
Interessen und Leidenschaften haben Sie,
die Sie Ihr ganzes Leben lang begleitet
haben, egal was passiert ist? Diese Dinge
sind wie Gold – sie sind das Fundament, auf
dem Sie andere Fähigkeiten aufbauen und
kultivieren können.

Nehmen wir an, Sie sind das, was die Leute
als einen eher mathematisch orientierten
Typus von Mensch verstehen. Sie sind
hervorragend in den „harten"
Wissenschaften, Sie sind technologisch
versiert und haben kein Problem damit,

mechanische und technische Konzepte oder Strategiespiele zu verstehen. Das sind wunderbare Fähigkeiten, die aber zu einem etwas einseitigen „Profil" führen können. Andererseits können Sie relativ losgelöst von Ihrem physischen Körper sein, eine schwache emotionale, soziale und/oder spirituelle Entwicklung haben, künstlerisch unbegabt sein und die kulinarische Palette eines Zweijährigen haben. Der Stereotyp des mageren, schüchternen Nerds kommt nicht aus dem Nichts!

Das soll nun nicht heißen, dass Menschen mit bestimmten Fähigkeiten zwangsläufig schlecht in „entgegengesetzten" Fähigkeiten sind – tatsächlich wird genau dieser Mythos durch die Existenz von Polymatikern so elegant zerstört, die beweisen, dass Menschen in allen möglichen Bereichen gleichzeitig hervorragend sein können. Aber stellen Sie sich für unser Beispiel vor, dass unser mathematisch begabter Mensch dem alten Stereotyp folgt. Um vielseitiger zu werden, kann er bewusst versuchen, die Bereiche zu verfolgen, die sich am meisten von denen unterscheiden, zu denen er sich von Natur aus hingezogen fühlt.

Das erfordert die Reife, das Anfängersein zu tolerieren, und den Mut, alte Komfortzonen zu verlassen und vielleicht sogar zu riskieren, sich als Person zu verändern. Unser Beispiel könnte ein Studium in einem völlig artfremden Bereich aufnehmen. Gesellschaftstanz, Aquarellmalerei oder die Lektüre der Werke von Jung könnten ein lebendiges Gegengewicht zu seinen natürlichen Fähigkeiten sein.

In Wahrheit sind diese Fähigkeiten natürlich nicht wirklich „Gegensätze" – die Gabe der Polymathie besteht darin, zu erkennen, wie tief diese Aktivitäten miteinander verbunden sind, und es ist nur unsere Engstirnigkeit, die darauf besteht, dass sie in separate Kategorien gehören. Die natürliche Welt teilt sich nicht in akademische Disziplinen auf. Was für eine wunderbare Sache zu erkennen, dass „harte" und „weiche" Wissenschaften nicht identifiziert und in der tatsächlichen phänomenologischen Welt, die sich vor uns entfaltet, getrennt werden können.

Dies könnte der Grund dafür sein, dass viele brillante Wissenschaftler in Wirklichkeit vom Zen-Buddhismus, von Traumarbeit, Psychedelika oder den großen Dichtern tief begeistert sind, oder sogar fromm religiös sind. Anstatt dass ihre spirituelle Seite mit ihren wissenschaftlichen Aktivitäten kollidiert, *bereichert* sie diese.

In ähnlicher Weise kann eine Person, die von Natur aus mit einer eher künstlerischen Fähigkeit ausgestattet ist, einen immensen Wert in der Entwicklung ihres logischen, mathematischen Gehirns finden, indem sie eine Wissenschaft aufnimmt, Schach oder Modellbau lernt. Es geht nicht darum, dass eine Person besser wird, wenn sie diese oder jene spezifische Aktivität aufnimmt, sondern vielmehr darum, dass je mehr Aktivitäten sie erforscht, desto größer die Chance ist, kreative Verbindungen zwischen ihnen herzustellen.

Auch hier spielt das spezifische Material keine Rolle - es ist der Reichtum, die Vielfalt und die Verbundenheit dieses Materials, die wichtig sind. Anstatt zu denken, wie viel Sie lernen können, können Sie sich neu orientieren und sehen, wie gut Sie *integrieren* können? Alle großen Denker haben auf ihre Art und Weise eine große „Theorie von allem" nach ihrem eigenen Entwurf verfolgt. Wenn Sie Elemente kombinieren, die scheinbar nichts miteinander zu tun haben, ist der Raum zwischen ihnen der Bereich, in dem die Kreativität lebt. Es gibt nichts Neues unter der Sonne, wie schon gesagt wurde, aber es gibt keine Grenzen, wie man das, was bereits existiert, kombinieren kann!

Einstein und Kombinatorisches Spiel

Überraschenderweise (oder auch nicht) war der bedeutendste Wissenschaftler des 20. Jahrhunderts dafür bekannt, sich eine Auszeit von seiner Forschung zu nehmen, um Geige zu spielen. Auf diese Weise verband Einstein das Harte mit dem Weichen.

Angeblich war er sogar sehr gut auf dem Instrument, wie auch auf dem Klavier. Doch während er in seinen Pausen auf der Geige spielte, kam Einstein tatsächlich zu einigen Durchbrüchen in seinen Forschungen und philosophischen Fragestellungen. Angeblich war eine dieser musikalischen Sitzungen die Initialzündung für seine berühmteste Gleichung: $E=mc2$.

Einstein erfand den Begriff des *Kombinationsspiels*, um den unfassbaren Prozess zu beschreiben, in dem seine Lieblingsbeschäftigung zu Ideen führte, die das gesamte wissenschaftliche Denken revolutionierten. Er erklärte seine Überlegungen so gut er konnte im Jahr 1945 in einem Brief an den französischen Mathematiker Jacques S. Hadamard:

„Liebe Kollegin, lieber Kollege:

Im Folgenden versuche ich, Ihre Fragen in aller Kürze so gut zu beantworten, wie es mir möglich ist. Ich selbst bin mit diesen Antworten nicht zufrieden und bin bereit, weitere Fragen zu beantworten, wenn Sie glauben, dass dies für die sehr interessante und schwierige Arbeit, die Sie sich vorgenommen haben, von Vorteil sein könnte.

(A) Die Worte oder die Sprache, wie sie geschrieben oder gesprochen

werden, scheinen in meinem Mechanismus des Denkens keine Rolle zu spielen. Die psychischen Entitäten, die als Elemente im Denken zu dienen scheinen, sind bestimmte Zeichen und mehr oder weniger klare Bilder, die „freiwillig" reproduziert und kombiniert werden können.

Es gibt natürlich eine gewisse Verbindung zwischen diesen Elementen und relevanten logischen Konzepten. Es ist auch klar, dass der Wunsch, endlich zu logisch zusammenhängenden Begriffen zu kommen, die emotionale Grundlage dieses eher vagen Spiels mit den oben erwähnten Elementen ist. Aber vom psychologischen Standpunkt aus betrachtet, scheint dieses kombinatorische Spiel das wesentliche Merkmal im produktiven Denken zu sein – bevor es irgendeine Verbindung mit logischer Konstruktion in Worten oder anderen Arten von Zeichen gibt, die anderen mitgeteilt werden können.

(B) Die oben erwähnten Elemente sind in meinem Fall visueller und einige muskulärer Art. Konventionelle Wörter oder andere Zeichen müssen erst in einem sekundären Stadium mühsam gesucht werden, wenn das erwähnte Assoziationsspiel ausreichend etabliert ist und beliebig reproduziert werden kann.

(C) Nach dem Gesagten soll das Spiel mit den genannten Elementen analog zu bestimmten logischen Zusammenhängen sein, nach denen man sucht.

(D) Visuell und motorisch. In einem Stadium, in dem Worte überhaupt eingreifen, sind sie in meinem Fall rein auditiv, aber sie mischen sich nur in einem sekundären Stadium ein, wie bereits erwähnt.

(E) Es scheint mir, dass das, was Sie volles Bewusstsein nennen, ein Grenzfall ist, der nie ganz erreicht werden kann. Dies scheint mit der Tatsache zusammenzuhängen, die

man die Enge des Bewusstseins nennt."

Einstein schien zu glauben, dass es für sein logisches und rationales Streben hilfreich war, sich seinen kreativen Neigungen hinzugeben. Das mag der Fall gewesen sein, und es mag auch der Fall gewesen sein, dass die Beschäftigung mit einer Ablenkung hilfreich war, um andere Perspektiven einzunehmen und Probleme aus anderen Blickwinkeln zu betrachten. Vielleicht hängt es mit dem Medici-Effekt aus einem früheren Kapitel zusammen, bei dem die Verschmelzung verschiedener Disziplinen unweigerlich zu neuen Entdeckungen führt.

In der Tat ist das kombinatorische Spiel nicht einfach die Vorstellung, dass das *Spiel* den Geist in eine andere Welt bringt, um sich neu zu gruppieren. Es erkennt, wie Einstein es tat, dass die meiste Kreativität dadurch entsteht, dass man Teile des Wissens und der Einsicht aus verschiedenen Disziplinen nimmt und sie in neuen Zusammenhängen kombiniert. Wie bereits erwähnt, sah Einstein also irgendwie etwas im Geigenspiel, das ihm half, auf eine völlig neue Weise über Physik nachzudenken.

Die Lektion hier ist, dass man sich seinen eigenen Beschäftigungen widmen sollte und sich nicht dadurch eingeengt fühlt, dass man in ähnlichen oder benachbarten Disziplinen bleiben muss, weil man denkt, dass nur diese einem helfen werden. Es gibt *immer* Parallelen zwischen verschiedenen Disziplinen, also finden Sie sie. Mehr vom Gleichen wird wahrscheinlich nicht helfen; eine Prise von etwas anderem vielleicht schon.

Stapeln

Dank der Online-Ressourcen und der Vernetzung unserer modernen Welt ist es einfacher als je zuvor, zu lernen und bis zu einem gewissen Grad polymathisch zu werden.

Selbst wenn Sie eine bestimmte Fähigkeit beherrschen, ist die Wahrscheinlichkeit groß, dass jemand anderes sie ebenfalls beherrscht. Das Schwert schneidet in beide Richtungen, denn der Wettbewerb hat im

Laufe der Jahre nur zugenommen. Wenn jemand Ihre Fähigkeiten in einem bestimmten Bereich mit denen einer anderen Person, die dieselben Fähigkeiten besitzt, vergleichen würde, könnte er nicht erkennen, warum er *Sie* für die Zusammenarbeit mit der anderen Person auswählen sollte (und umgekehrt).

Betrachten wir dies als ein Kapitel darüber, *worauf* Sie Ihre Bemühungen konzentrieren sollten.

Es ist *nicht* klug, seinen Wert oder Verdienst auf der Basis von nur einer Fähigkeit zu bestimmen. Definitionsgemäß gehört nur 1 Prozent aller Menschen zu den besten 1 Prozent von irgendetwas. (Ja, ich habe die Rechnung doppelt geprüft.) Das oberste 1 Prozent der Spieler in der National Basketball Association ist ein extrem kleiner Teil aller Spieler in der Liga und ein *sehr* kleiner Teil der Weltbevölkerung. Es ist fast unmöglich, in dieses eine Prozent zu kommen. 99 Prozent der NBA bestehen aus Spielern, die *nicht* LeBron James oder Stephen Curry *sind* und die sich nicht allzu schlecht schlagen. Aber sie sind trotzdem nicht die bestbezahlten oder berühmtesten Spieler.

Mit anderen Worten: Sie werden nicht zu den Top 1 Prozent gehören, was nun?

Wie können Sie sich von jemandem mit ungefähr gleichem Können abheben und sich selbst hervorheben? Anstatt zu versuchen, sich auf der Basis einer statistischen Unwahrscheinlichkeit zu unterscheiden, ist eine Lösung das Konzept des *Skill Stacking*, und ob Sie es glauben oder nicht, es stammt zumindest teilweise aus dem Comic-Teil Ihrer Tageszeitung.

Skill Stacking wurde von Scott Adams populär gemacht, dem Schöpfer des Arbeitsplatz-Themas *Dilbert*, einem der erfolgreichsten und zitierfähigsten Comics der Verlagsgeschichte. Die Idee hinter dem Skill Stacking ist, dass eine extreme Beherrschung einer Fähigkeit zwar bewundernswert, aber unwahrscheinlich ist; daher ist es viel effektiver, hohe Fähigkeiten in mehreren Bereichen zu haben, die gut zusammenarbeiten.

Anstatt sich darauf zu verlassen, in einer bestimmten Fähigkeit zu den besten 1 Prozent zu gehören, sollten Sie stattdessen versuchen, in drei oder sogar vier Talenten zu den besten 5-15 Prozent zu gehören. Es ist der Unterschied zwischen der Vorstellung, Mozart zu sein, und der eines Studiomusikers, der notfalls vier Instrumente spielen kann. Nicht jeder kann Mozart sein, aber es ist viel wahrscheinlicher, dass man vier Instrumente spielen kann.

Adams nutzt sich selbst als Paradebeispiel für das Skill Stacking in einer Karriere. Er stellt fest, dass er in keiner Fähigkeit zu den besten 1 Prozent gehört. *Dilbert* – ein Comicstrip, der in einem Büro spielt und amüsante „Binsenweisheiten" über die Geschäftswelt enthält – erscheint in den Zeitungen von fünfundsechzig verschiedenen Ländern. Adams hat Berichten zufolge ein Nettovermögen von 75 Millionen Dollar, den Löwenanteil davon durch *Dilbert*, einschließlich Syndizierung und Merchandise. Eine Zeit lang hatte fast jedes Büro in Amerika einen *Dilbert-Ismus* auf dem Schreibtisch, nur um zu beweisen, dass man die Ironie am Arbeitsplatz verstanden hat. Obwohl Adams also in keiner Hinsicht ein extremer Ausreißer ist, wie kam es zu seinem Erfolg?

Er ist nicht der talentierteste Comiczeichner; seine Figuren sind größtenteils Strichmännchen mit verschiedenen Frisuren und Nasen. Sie mögen nicht per se künstlerisch sein, aber sie sind angenehm anzuschauen und es ist klar, dass er mehr Fähigkeiten hat, als er zugibt. Lassen Sie uns ihn in die Top 10 Prozent der künstlerischen Fähigkeiten einordnen.

Er ist kein hochrangiger Experte in Sachen Wirtschaft und Geldverdienen. Aber er hat an der University of California, Berkeley, Wirtschaft studiert, also geben wir ihm hier die besten 5 Prozent.

Er ist nicht unbedingt einer der witzigsten Menschen auf der Welt und hat nie versucht, ein Comedian oder etwas Ähnliches zu sein. Allerdings ist sein Comic-Strip amüsant und witzig genug, um syndiziert zu werden und läuft seit Jahren, also geben wir ihm hier noch einmal eine Top-5-Prozent-Note.

„Wenn man meine gewöhnlichen Geschäftsfähigkeiten hinzunimmt", sagte Adams, „meine starke Arbeitsmoral, meine Risikotoleranz und meinen einigermaßen guten Sinn für Humor, bin ich ziemlich einzigartig. Und in diesem Fall hat diese Einzigartigkeit einen kommerziellen Wert." Wenn Sie Adams als Beispiel nicht glauben, müssen Sie nicht viel weiter schauen als eine Studie der Boston Consulting Group aus dem Jahr 2017, die ergab, dass Unternehmen mit vielfältigeren Fähigkeiten und Hintergründen insgesamt 19 Prozent mehr Umsatz erzielten.

Das ist die Essenz des Skill Stacking. Sie passen einfach Ihre Ziele neu an. Vergessen Sie, sich darauf zu verlassen, zu den besten 1 Prozent zu gehören, und streben Sie stattdessen danach, im obersten Perzentil (5-15 Prozent) einiger Fähigkeiten zu sein, vorzugsweise solcher, die sich gegenseitig verstärken können. Sie nutzen die guten bis sehr guten Fähigkeiten und Eigenschaften, die Sie haben, und kombinieren sie so, dass

Sie sich einen Vorteil gegenüber allen anderen verschaffen. Adams kombinierte sein überdurchschnittliches Geschäftsverständnis, seinen Sinn für Humor und seine künstlerischen Fähigkeiten, um eine finanziell tragfähige Figur zu schaffen, die auf der Comicseite einzigartig war. (Und Dilbert scheint nicht einmal *Augen* zu haben.)

Erfolg wird in der Regel als das Ergebnis einer hohen Beherrschung *einer* Fertigkeit angesehen, und in bestimmten Fällen sind Opportunitätskosten oder Opfer notwendig. Die meisten Medizinstudenten müssen sich für ein Fachgebiet entscheiden, um sich zu spezialisieren – es gibt nicht viele Zahnärzte, die auch Podologen sind. Es ist dasselbe mit dem Sport, wo man versucht, der Top-Athlet in einem bestimmten Bereich wie Basketball, Fußball, Golf oder Leichtathletik zu werden, unter Ausschluss aller anderen Sportarten. Abgesehen von extrem seltenen Fällen wie Deion Sanders und Bo Jackson findet man nicht viele Leute, die in zwei verschiedenen Sportarten Superstars sind. (Selbst Michael Jordan hat es nicht geschafft, Profi-Baseball zu spielen.)

Aber bei fast allen anderen Tätigkeiten ist eine hohe Beherrschung mehrerer Fertigkeiten viel eher möglich und daher wünschenswert. Skill Stacking ermutigt dazu, Ihre multiplen Fähigkeiten so zu arrangieren und zu nutzen, dass Sie *absolut einzigartig* werden – und sich von den anderen abheben. Indem Sie Ihre gewöhnlichen individuellen Talente kombinieren und zusätzliche „Lücken"-Fähigkeiten erlernen, werden Sie zu einer einzigartigen Person, die niemand sonst wirklich duplizieren kann. Das macht Sie unglaublich wertvoll auf dem Arbeitsmarkt und unersetzlich auf sozialer und persönlicher Ebene.

Skill Stacking zwingt Sie dazu, die Realität zu betrachten und zu sehen, was wirklich einen Einfluss hat. Sie könnten zum Beispiel in einer bestimmten Fähigkeit zu den besten 5 Prozent gehören – was bringt Ihnen das? Sie bekommen vielleicht ein paar Auszeichnungen, aber ansonsten werden Sie nicht so viele Köpfe drehen. An der Spitze eines jeden Fachgebiets befindet sich jeder, der zu den besten 5 Prozent gehört, also werden Sie nicht per Definition herausstechen. Sie könnten versuchen, sich in die Top 1 Prozent zu schieben, aber wenn es eine reale Chance dafür gäbe, würden Sie wahrscheinlich nicht dieses Buch lesen (es sei denn, Sie können einfach nicht genug von meiner exquisiten Prosa bekommen).

Das bedeutet, dass Sie mehr Wege finden müssen, um wettbewerbsfähig zu sein, als sich auf die Entwicklung einer einzigen Fähigkeit zu verlassen. In die Top 1 Prozent einer bestimmten Fähigkeit zu kommen, ist fast unerreichbar (obwohl es immer einen Versuch wert ist). In den Top 5 Prozent einer Fähigkeit zu sein, ist großartig, aber sobald man in höhere Stufen einer bestimmten qualifizierten Population kommt, ist das eigentlich nicht mehr so bemerkenswert, und man wird von ähnlichen Leuten umgeben sein.

Daher kommen wir wieder zu dem Schluss, dass unverwechselbarer ist, wer in den Top 10-15 Prozent von *drei oder vier* verschiedenen Fähigkeiten ist. Ein großes spezialisiertes Talent zu haben ist eine Sache – aber sehr gut in einem breiten Spektrum von Fähigkeiten zu sein, die sonst niemand hat? *Jetzt* haben Sie deren Aufmerksamkeit.

Der süße Bonus ist, dass es nicht annähernd so schwer ist, in mehreren Bereichen in die Top 10-15 Prozent zu kommen, wie in nur *einem* Bereich in die Top 1 Prozent zu kommen. Für die Top 1 Prozent braucht man Jahre oder sogar Jahrzehnte des Übens - das ist das Niveau eines Solos in der Carnegie Hall. Um jedoch in die Top 10-15 Prozent zu kommen, braucht es nicht viel mehr als das Erreichen von Zielen durch Lernen, Üben, Ausführen und Wiederholen. Sie können wahrscheinlich ein paar Bücher über das Thema lesen und sind sofort besser informiert als 95 Prozent der Allgemeinbevölkerung. Wenn Sie fünf Bücher zu einem Thema lesen würden, ist es höchst zweifelhaft, dass Sie auch beim vierten Buch noch etwas Neues lernen würden.

Nehmen wir das, was aus offensichtlichen Gründen mein Lieblingsbeispiel ist: das

Schreiben. Es gibt viele talentierte Schriftsteller. Die Top 1 Prozent werden auf jeden Fall veröffentlicht werden; das ist aufgrund der Qualität ihrer Arbeit unvermeidlich.

Betrachten wir nun die Top 5 Prozent – sie sind immer noch durch und durch *großartige* Autoren, aber sie werden nie populär werden, weil sie nicht ganz so gut sind wie die Top 1 Prozent, und sie haben keine anderen Möglichkeiten, entdeckt zu werden.

Was aber, wenn jemand aus diesen 5 Prozent auch ein wenig HTML programmieren kann und sich in den sozialen Medien auskennt? Diese Person kann nicht nur blumige Phrasen schreiben, sondern sich auch einen Blog mit ihrer eigenen Arbeit aufbauen und so eine persönliche und einzigartige Marke schaffen.

Außerdem kann diese Person mit ihrem Wissen darüber, wie man etwas in den sozialen Medien bekannt macht, tatsächlich Interesse und einen globalen Markt für ihre

Arbeit schaffen. Und dann, *voila*, werden sie tatsächlich *gelesen*. Fügen Sie ein gewisses Maß an Geschäftssinn hinzu, und sie werden in der Lage sein, diesen Prozess zu wiederholen, um mehr Leser zu gewinnen, mehr Texte zu produzieren und letztendlich ihre Einnahmen aus Büchern in die Höhe zu treiben.

Dieser Autor gehört vielleicht nur zu den besten fünf Prozent aller Autoren, aber weil er spezielle Fähigkeiten hat, die er im Dienste der Veröffentlichung seiner Arbeit erlernt hat, hat er es geschafft, veröffentlicht zu werden und Leser zu gewinnen, die zu Fans werden – und damit theoretisch auch Einkommen. Um ganz ehrlich zu sein, gibt es wahrscheinlich Autoren da draußen, die nur zu den oberen *25 Prozent* aller Autoren gehören, die einen guten Lebensunterhalt verdienen, weil sie diversifizieren und einen Skill Stack aufbauen können.

Strategisch stapeln

Das Beste an einem Skill Stack ist, dass Sie wahrscheinlich schon einen haben. Sie haben nur noch nicht darüber nachgedacht, geschweige denn in der Lage gewesen, ihn zu erkennen oder zu besprechen.

Der erste Schritt bei der Definition Ihres Skill Stacks besteht darin, sicherzustellen, dass Sie über Fähigkeiten verfügen, die sich gegenseitig ergänzen und auf ein bestimmtes Endziel hinarbeiten. Zum Beispiel ist es einfach zu sehen, wie Schreiben, öffentliches Reden und Schauspielerei eine gültige dreifache Bedrohung darstellen können. Ein kompetenter Koch, ein kluger Geschäftsmann und ein fähiger Kommunikator zu sein, kann alles sein, was Sie brauchen, um ein erfolgreiches Restaurant zu eröffnen.

Umgekehrt kann es sein, dass ein guter Redner, ein guter Gitarrist und ein guter Koch Sie nur zu einem überdurchschnittlich guten Kellner machen - und Sie nicht zu Ihrem gewünschten Endziel bringen, ein Restaurant zu besitzen. Und in der Lage zu sein, zu tippen, zu steppen und effektiv Erdnüsse zu schälen – nun, einige Türen stehen Ihnen vielleicht einfach nicht offen, außer vielleicht die der Zirkusverwaltung.

Die Fähigkeiten, die Sie stapeln, dürfen nicht zu willkürlich sein. Es sollten drei oder vier Fähigkeiten in verwandten oder kompatiblen Bereichen sein. Wenn Sie diese miteinander verknüpften Fähigkeiten beherrschen, kann Ihr Wert weitaus größer sein, als wenn Sie nur bei dem bleiben, was Sie „von Natur aus" gut können.

Um zum Kern Ihrer Fähigkeiten vorzudringen, führen Sie eine relativ einfache Selbsteinschätzung durch, indem Sie sich diese Fragen stellen.

In welcher Branche sind Sie tätig oder wollen Sie tätig sein? Ganz einfach. Wie ist Ihre aktuelle Arbeitssituation und/oder die Arbeitssituation, von der Sie träumen?

In welchen Kompetenzbereichen konkurrieren die Menschen in dieser Branche miteinander? Was muss jeder in diesem Interessengebiet unbedingt auf einer grundlegenden Ebene tun? Was bringt sie in die Tür? Das sind die Fähigkeiten, auf denen das Unternehmen oder die Unternehmung aufgebaut ist, die Fähigkeiten, nach denen die Vorgesetzten ihre Mitarbeiter täglich beurteilen werden.

Wenn Sie zu den Top 5 Prozent dieser Fähigkeiten gehören, ist das lobenswert. Aber es gibt immer noch andere wie Sie und einige, die theoretisch *besser* sind als Sie, also reicht es nicht ganz aus, zu den Top 5 Prozent zu gehören. Deshalb ...

Angenommen, jeder hat diese Fähigkeiten, welche neuen Fähigkeiten können Sie erwerben, die sie hervorstehen lassen? Das ist Ihre „besondere Soße", die eine (oder besser zwei oder drei) zusätzliche Fähigkeiten, die Sie besitzen und die Sie von allen anderen unterscheiden. Wahrscheinlich ist diese Fähigkeit etwas, das Sie in einer anderen Umgebung entwickelt haben, nicht speziell für diesen Job oder diese Aufgabe. Und es ist der Unterschied, der die Waage zu Ihren Gunsten kippen kann. Werfen Sie einen Blick auf die Top-Performer in dem Bereich oder in verwandten Bereichen, um einen Anhaltspunkt zu bekommen, wenn Sie sich nicht sicher sind, welchen Schritt Sie hier machen sollen.

Sagen wir, Sie wollen Börsenmakler werden.

In welchen Bereichen unterscheiden sich Börsenmakler von anderen und stehen im Wettbewerb zueinander? Börsenmakler müssen unbedingt gut kommunizieren und kalkulieren können. Das ist eine Selbstverständlichkeit, die 100 Prozent aller Börsenmakler abdecken sollte, aber lassen Sie uns vernünftig sein und sagen, dass 75 Prozent von ihnen es tatsächlich sind. Das ist natürlich nicht annähernd genug, um Einstellungsentscheidungen in Ihrem Sinne zu beeinflussen.

Welche neuen Fähigkeiten können Sie also erlernen, die Sie von den anderen unterscheiden würden? Da die globale Wirtschaft super-vernetzt ist, könnte ein Börsenmakler sein Portfolio akzentuieren (Wortspiel beabsichtigt), indem er eine Fremdsprache einer anderen wirtschaftlichen Supermacht lernt, wie China oder Deutschland. Einige Studien sagen, dass 50 Prozent der Weltbevölkerung zweisprachig ist. Das klingt etwas hoch gegriffen, aber nehmen wir mal an, es ist wahr. Sie werden sich von mindestens der Hälfte der anderen Börsenmakler unterscheiden, wenn Sie eine andere Sprache sprechen können. Und jede neue Sprache, die Sie lernen, wird diesen Prozentsatz noch mehr verringern. Sagen wir, eine zusätzliche Sprache bringt Sie in die Top 20 Prozent aller Börsenmakler.

Da Biotech außerdem eine der meistbeachteten Kategorien an der Börse ist, könnte ein Börsenmakler mit einem tieferen Wissen über Medizin, den menschlichen Körper und die Praxis der Genesung ein schärferer Analyst für neue und zukünftige Technologien sein. Wenn Sie viel über Medizin wissen oder einen Hintergrund in der Erste-Hilfe-Verwaltung oder leichter medizinischer Assistenz haben, könnten Sie einen weiteren Vorteil gegenüber den anderen zweisprachigen Börsenmaklern haben.

Sie sind kein Meister in all diesen Berufen – aber mit etwas harter Arbeit und Übung ist es leicht genug, in die oberen 10-15 Prozent zu kommen. Und das ist genug, um Sie flexibler und marktfähiger für jemand anderen zu machen. In diesem Zeitalter ist Vielseitigkeit wichtiger als begrenzte Ausführung. Sie haben Ihre Bankfähigkeit als Börsenmakler exponentiell vervielfacht, nur indem Sie jede Woche ein paar Audiokassetten Deutsch oder Chinesisch hören und ein paar Artikel pro Woche über die neuesten Nachrichten in Biotech-Unternehmen lesen. Keine schlechte Investitionsrendite – und das ist genau das Richtige: Der Aufbau und die Erweiterung Ihrer Fähigkeiten kann täuschend einfach sein.

Wechseln wir zu etwas, das wahrscheinlich mehr Spaß macht und weniger stressig ist, nämlich zum Malen. Nahezu 100 Prozent aller Maler (Jackson Pollock-eske, kleckernde Farbtypen ausgenommen) müssen wissen, wie man ein bestimmtes Thema skizziert. Sie *alle* sollten wissen, wie man mit verschiedenen Medien und Farbtypen arbeitet, selbst wenn sie sich am Ende nur auf ein oder zwei spezialisieren. Für dieses Beispiel nehmen wir an, dass nur

90 Prozent von ihnen mit mehreren Medien arbeiten können.

Manche Künstler malen nur Porträts oder Stillleben, die bequem direkt vor ihnen positioniert sind, während sie malen. Aber jemand, der ein gut entwickeltes fotografisches (oder zumindest sehr zuverlässiges) Gedächtnis hat, kann fast alles und überall malen, was er will, und ist dabei vielleicht sogar noch produktiver. Das ist eine Fähigkeit, die mit der Zeit und Übung verfeinert werden kann. Und schließlich hat jemand mit einem Hintergrund in Mythologie, Theologie oder Philosophie vielleicht ein Gespür für bestimmte Symbole, die er in seine Arbeit einbauen kann, um ihr zusätzliche Bedeutung oder Spannung zu verleihen.

Ein guter Zeichner ist unter Malern leicht zu finden. Aber ein geschickter Zeichner, der mit mehreren Medien arbeitet, ein gut funktionierendes Gedächtnis hat und über einen äußerst fundierten Hintergrund in Kunsttheorie, Mythologie oder Philosophie verfügt? Das ist keine übliche Dreierwette.

Und es ist einfach, sie alle in den Dienst der Kunst zu stellen.

Jedes Mal, wenn Sie eine weitere Fähigkeit zu Ihrem Stapel hinzufügen, erstellen Sie ein immer selektiveres Venn-Diagramm.

Niemand kennt Ihre Fähigkeiten besser als Sie selbst - aber eine Synergie um Ihre verschiedenen Fähigkeiten zu schaffen, ist etwas, das Ihnen vielleicht entgangen ist. Skill Stacking kann das, was Sie bereits sind, nutzen und es auf eine Weise präsentieren, die der breiten Masse zugutekommt. Und es ist auch ein großartiger, konstruktiver Weg, um herauszufinden, welche Fähigkeiten Sie lernen müssen, um sich abzuheben.

Wichtige Erkenntnisse:

- In diesem Kapitel geht es darum, was genau es wert sein könnte, zu lernen und polymathisch zu werden. Ja, es stimmt, unsere polymathischen Vorbilder schienen alle Talente sowohl in den Künsten als auch in den Wissenschaften zu besitzen. Das heißt, es gab meist eine Mischung aus Soft- und Hard Skills. Albert Einstein selbst war ein großer Verfechter des so genannten kombinatorischen Spiels, bei dem er, wenn er an einem besonders ärgerlichen Problem festhielt, dem Geigenspiel frönte, um den Kopf freizubekommen und andere Perspektiven zu finden. In der Tat ist diese Taktik etwas, das wir auch kanalisieren können, wenn wir darüber nachdenken, womit wir unsere Zeit verbringen sollen.

- Der Cartoonist Scott Adams hat den Begriff „Skill Stacking" geprägt. Dabei geht es darum, die beste Kombination von Eigenschaften und Fähigkeiten für Ihren speziellen Zweck zu entwickeln.

- Ein Skill Stack ist etwas, das Sie wahrscheinlich bereits besitzen. Er basiert auf dem Konzept, dass Sie sich nicht auf eine einzige Fähigkeit oder Fertigkeit verlassen können, um sich bei allem, was Sie zu erreichen versuchen, auszuzeichnen. Nur 1 Prozent von uns kann zu den besten 1 Prozent einer Fertigkeit gehören, und das werden wahrscheinlich nicht Sie sein. Daher sollten wir einen Skill Stack erstellen, der aus drei oder vier zusammenhängenden Skills besteht, in denen Sie die besten 10-15 Prozent erreicht haben. Das ist ein realistisches Ziel und wird Sie von Ihrer Konkurrenz abheben. Je einzigartiger, vielfältiger und synergetischer Ihr Skill Stack wird, desto beeindruckender werden Sie sein.

- Ein wichtiger Schlüssel ist, dass die Fähigkeiten miteinander verbunden sind. Das bedeutet, dass Sie sich nicht nur auf Ihre Stärken konzentrieren sollten, was Sie seltsamerweise zurückhalten kann. Werfen Sie einen Blick auf die Top-Performer in Ihrem Bereich, um zu sehen, welche verschiedenen Fähigkeiten sie besitzen. Wenn Sie wissen, in welchen Bereichen Sie Ihre Fähigkeiten verbessern wollen, ist es so einfach, wie ein paar Bücher oder Artikel zu lesen, ein paar Vorträge zu besuchen und ein paar grundlegende Kenntnisse zu erwerben. Allein dadurch sind Sie besser informiert und vorbereitet als 90 Prozent der Allgemeinbevölkerung – das positioniert Sie als Experte! Dies ist die Anwendung des Konzepts der Polymathie auf die beste Weise für Ihre spezifischen Lebensumstände.

Kapitel 5. Auf den Schultern von Giganten stehen

Wie die mittlerweile populäre Maxime besagt, können wir weit sehen, wenn wir auf den Schultern von Riesen stehen – selbst wenn unsere eigenen Anstrengungen klein sind, können wir, wenn wir sie zu dem gesammelten Verständnis und Wissen der großen Denker, die vor uns gegangen sind, hinzufügen, weiter vorankommen als selbst sie es taten, und in gewissem Sinne ihre Reise fortsetzen.

Es ist wichtig, die eigenen Stärken, Schwächen, Zusammenhänge und Ziele genau zu verstehen. Wenn Ihnen das Streben nach Polymathie in Ihrem eigenen

Leben wichtig ist, gibt es keinen anderen Weg, als es mit Ihren eigenen einzigartigen Eigenheiten und Kuriositäten anzugehen. Allerdings gibt es unzählige Giganten, die vor uns gekommen sind. Beim Betrachten von Leistungsträgern aus der Geschichte können wir Muster, Inspiration oder Ermutigung finden. Nehmen Sie, was mitschwingt, und lassen Sie den Rest liegen.

Zugegeben, Sie werden sehen, dass die Polymathen, die wir auf den folgenden Seiten untersuchen werden, meist in Reichtum hineingeboren wurden und gut vernetzt waren, wenn nicht sogar buchstäblich Adelige und Aristokraten. Viele von ihnen lebten so komfortabel, dass sie sich dem Lernen statt dem Überleben widmen konnten, und mehr als eine Handvoll waren bekannte Schürzenjäger, Drogensüchtige und Glücksspieler.

Nichtsdestotrotz gibt es einige Lektionen, die wir von diesen Figuren lernen können, auch wenn sich unser Leben sehr von dem ihren unterscheidet. Wir können historische und kulturelle Anpassungen vornehmen und von diesen Giganten lernen, wie wir unsere eigenen Talente am besten einsetzen, um das moderne Äquivalent eines historischen Universalgelehrten zu erreichen.

Der Original-Renaissance-Mann

Leonardo da Vinci, geboren 1452 in der Toskana, Italien, ist wohl der berühmteste und erfolgreichste Universalgelehrte der Weltgeschichte und jemand, der für seine enorme Kreativität bekannt ist. Wissenschaft, Mathematik, Kunst, Politik, Kultur, Geschichte – für alles interessierte er sich und erlangte wahrscheinlich ein gewisses Maß an Fachwissen. Die Liste seiner Errungenschaften ist atemberaubend, und die Vielfalt der Bereiche, die er beherrschte, ist unfassbar.

Anatomie. Da Vinci formte neu, was der Mensch über sich selbst wusste. Er war der erste Mensch, der detaillierte Ansichten der inneren Organe des menschlichen Körpers anfertigte. Er fertigte Abgüsse des Gehirns und der Ventrikel von einem verstorbenen Ochsen an und ebnete damit den Weg für solche Modelle menschlicher Organe. Er war der erste, der die S-förmige Struktur der menschlichen Wirbelsäule beschrieb. Er führte zahlreiche Sektionen von menschlichen und tierischen Körpern durch und dokumentierte und zeichnete akribisch alles, was er sah. Stellen Sie sich vor, wie wertvoll diese Diagramme waren, die von einem so künstlerisch begabten Menschen stammten. Auch heute noch sind da Vincis viele Illustrationen der menschlichen Anatomie notwendige Studien.

Innovation und Erfindung. Da Vincis Weitsicht war unglaublich. Er hatte Entwürfe für mehrere Erfindungen, die schließlich fast fünfhundert Jahre nach seinem Tod verwirklicht wurden – der Hubschrauber, der Fallschirm, der Militärpanzer, der Roboter und die Tauchausrüstung gehen alle auf Ideen zurück, die von da Vinci entwickelt wurden. Und das ist nur ein Teil der Liste. Er hatte ein besonderes Interesse an Militär- und Verteidigungserfindungen, und Biographen haben spekuliert, dass seine verschiedenen künstlerischen Bestrebungen nur als Lückenfüller gedacht waren, damit er mehr Arbeit in der Kriegsführung finden konnte.

Architektur. Da Vinci war fasziniert von großen Bauprojekten und diente den Bauherren seiner Zeit als Berater. Er entwarf ein System für Kanalschleusen, das den heute verwendeten Typen sehr nahe kam. Mit seiner Vorstellung von der „idealen Stadt" beschäftigte er sich sogar mit der Stadtplanung.

Kunst. Da Vinci malte ein paar Meisterwerke, von denen Sie vielleicht schon gehört haben: die *Mona Lisa* und das *letzte Abendmahl*. Seine ikonische Zeichnung des *Vitruvianischen Mannes, die den* menschlichen Körper darstellt, ist ebenso ein Kunstwerk wie eine wissenschaftliche Erklärung. Da Vinci revolutionierte auch die Verwendung von Landschaften in seiner Kunst und war ein früher Innovator in der Verwendung von Ölfarbe. Er war auch ein Bildhauer.

Wissenschaft. Da Vincis Fachwissen machte ihn zu einer Schlüsselfigur bei der Entwicklung von Studien in mehreren verschiedenen Wissenschaften. Er war der erste, der spekulierte, dass Fossilien beweisen würden, dass die Erde viel älter war, als die Menschen seiner Zeit glaubten. Seine detaillierten Darstellungen von Pflanzen beeinflussten, wie die Botanik studiert wurde. Er machte intensive Studien über die Bewegung des Wassers. Er entwarf Mühlen, Maschinen und Motoren, die durch Wasser angetrieben wurden. Er entwarf sogar eine musikalische Tastatur, die gestrichene Saiten spielte.

Gelegentlich schlief er, davon können wir ausgehen.

Der Erfinder der deutschen Sprache

Johann Wolfgang von Goethe war ein berühmter deutscher Schriftsteller und Universalgelehrter, der 1749 geboren wurde. Er schrieb hochgelobte Dramen, Gedichte, Romane und eine Autobiografie und beschäftigte sich ausgiebig mit Botanik und menschlicher Anatomie.

Darüber hinaus war er ein erfolgreicher Staatsmann und Politiker und wurde noch vor seinem vierzigsten Lebensjahr vom Herzog von Sachsen-Weimar in den Adelsstand erhoben. Wie zu dieser Zeit üblich, erhielt Goethe eine klassische, abgerundete Ausbildung, in der sein Vater ihn ermutigte, Sprachen (einschließlich Griechisch, Französisch, Englisch, Latein und sogar Hebräisch, unter anderem) sowie eine gründliche körperliche Ausbildung, die Reiten, Fechten und Tanz beinhaltete, zu umarmen.

Ursprünglich hatte er in Leipzig Jura studiert, was ihm aber sehr missfiel - seine wahren Leidenschaften waren Zeichnen und Literatur. In seinem späteren Leben widmete sich Goethe ausschließlich der Schriftstellerei; in seinen Siebzigern traf er jedoch häufig mit dem musikalischen Wunderkind Felix Mendelssohn zusammen und verhalf ihm zur Anerkennung, indem er ihn mit einem jungen Mozart verglich.

Goethe selbst inspirierte viele der großen Komponisten und war bekannt dafür, eine lebenslange Liebe zur Musik zu haben. Heute gilt Goethe als deutsches Nationalheiligtum und als Pflichtlektüre für jede literarische Ausbildung. Sein Werk war so umfangreich und einflussreich, dass er häufig als Erfinder der deutschen Sprache bezeichnet wird.

Literatur. Goethe erlangte enorme Anerkennung für seine beiden frühen Romane, *Götz von Berlichingen* im Jahr 1773 und *Die Leiden des jungen Werther* im Jahr 1774. Diese Bücher waren so einflussreich, dass man sie als „die ersten Bestseller" bezeichnet und Goethe als Begründer der literarischen Bewegung der Romantik identifiziert. Diese Bewegung hat noch heute Auswirkungen auf die Art und Weise, wie wir über Literatur und Poesie denken. Wenn Menschen den Namen Goethe kennen, verbinden sie ihn jedoch oft mit seinem bekanntesten Werk, dem *Faust*.

Später im Leben schrieb er *Wilhelm Meisters Lehrjahre* (den der Philosoph Schopenhauer für einen der vier größten Romane hielt, die je geschrieben wurden – ein großes Lob) sowie einige Theaterstücke und seine eigene Fabel. In seinen späten Sechzigern versuchte sich Goethe am poetischen „Orientalismus" und bewies, dass ein wahrer Universalgelehrter nie aufhört zu lernen, zu entdecken und sich zu verändern.

Botanik und Physik. Goethe ist am besten für seinen immensen literarischen Einfluss bekannt, aber er war auch ein produktiver Autor in den Wissenschaften, der optische Experimente und eine eigene Farbtheorie entwickelte, die direkt gegen den Newtonschen Rahmen ging. Für Goethe war Licht relativistisch und nicht mechanisch zu verstehen, und seine einschüchternd große Abhandlung *Theorie der Farben* erklärt, wie er glaubte, dass Farbe entsprechend der Art und Weise wahrgenommen wird, wie unser Nervensystem sie interpretiert, und nicht aufgrund von Faktoren in der äußeren Umgebung.

Heute verstehen Physiker, dass sowohl die Umgebung als auch die individuelle Wahrnehmung bei der Farbwahrnehmung wichtig sind, aber vielleicht bestand Goethes wahre Leistung darin, dass er mutig genug war, die vorherrschenden Theorien seiner Zeit zu hinterfragen und herauszufordern. Wir können noch heute philosophische Anklänge an seine Theorie in modernen Disziplinen sehen.

Goethe war auch selbst ein begabter Wissenschaftler und forschte in den Bereichen Botanik, Geologie, Psychologie und Meteorologie – und bereitete damit, wie manche meinen, den Boden für die spätere Entwicklung der modernen Wettervorhersagetechnik.

Er machte eine bemerkenswerte anatomische Entdeckung über den Zwischenkieferknochen, die gegen die damals üblichen wissenschaftlichen Erkenntnisse verstieß. Goethe war schon zu seiner Zeit als Autodidakt und Renaissancemensch bekannt. Er glaubte keine Sekunde lang, dass seine literarische Begabung ihn davon ausschließen sollte, sich tief in die Materie der Medizin oder Anatomie einzuarbeiten.

Politik. Goethes literarische Erfolge brachten ihm einige Berühmtheit und Reichtum ein, was ihn in vielerlei Hinsicht an den Hof des Herzogs von Sachsen-Weimer brachte, wo er bald aufstieg und sich sukzessive Titel und größere gesellschaftliche Freiheiten erwarb.

Er war einmal Kriegskommissar und für kurze Zeit Kanzler von Sachsen – daher das „von" in seinem Namen – ein Titel und Rang, der dem eines heutigen Ministerpräsidenten entspricht. Er leitete den Ausbau von Straßen, beaufsichtigte die Instandhaltung von Bergwerken und war sogar an einigen bedeutenden Steuerreformen der Zeit beteiligt. Goethe war nie ein zurückhaltender und launischer Künstler, sondern ein aktives und mächtiges Mitglied seiner gesellschaftlichen Welt.

Der Mann, der Isaac Newton das Gegenteil bewies

Thomas Young wurde einmal von einem Biographen als „der letzte Mann, der alles wusste", zusammengefasst. Er wurde 1772 in England als Sohn einer Quäkerfamilie geboren, hatte im Alter von vier Jahren die Bibel zweimal durchgelesen, mit vierzehn Jahren ein Dutzend Sprachen gelernt und mit dreiundzwanzig Jahren seine Arbeit als

Arzt aufgenommen. Es gibt eine Anekdote, die besagt, dass der junge Thomas, als er im Tanzen unterrichtet wurde, von Mitschülern mit Zirkel und Lineal dabei ertappt wurde, wie er ein mathematisches Diagramm eines Menuetts konstruierte, um es besser tanzen zu können.

Er war ein Aushängeschild für die Universalgelehrten seiner Zeit. Er beherrschte Physik, Mechanik, Physiologie, Sprache, Musik (er erfand seine eigene Methode zum Stimmen von Musikinstrumenten) sowie Ägyptologie und Hieroglyphen. Obwohl seine Interessen und Errungenschaften vielfältig waren, wird er oft am meisten für seine Schlüsselbeiträge bei der Übersetzung des Steins von Rosetta in Erinnerung behalten.

Nachdem er das Anwesen eines Großonkels geerbt hatte, war er finanziell in der Lage, eine private Praxis zu betreiben, sowie eigene Forschungen und die Veröffentlichung medizinischer Artikel. Im Jahr 1801 wurde er zum Professor für Naturgeschichte (damals eher als Physik verstanden) und später zum ausländischen

Sekretär der Royal Society ernannt, danach zum ausländischen Ehrenmitglied der American Academy of Arts and Sciences.

Young war als Sekretär in anderen Kommissionen, Verbänden, Akademien und Gremien tätig und überwachte Projekte und Richtlinien verschiedenster Art. Als er im Alter von sechsundfünfzig Jahren starb, wurde er als einer der erfolgreichsten und produktivsten Männer seiner Zeit verehrt.

Physik. Der wohl wichtigste Beitrag Youngs lag in der inzwischen gut etablierten Wellentheorie des Lichts. Das berühmte Doppelspaltexperiment (eine Grundlage für vieles, was später in der Physik und Quantenmechanik behandelt wurde) wurde erstmals von Young durchgeführt, zusammen mit Ripple-Tank-Demonstrationen, die zeigten, dass Licht Interferenzmuster genau wie die von Wasserwellen anzeigt, was auf seine Natur als Welle hindeutet.

Dieser Universalgelehrte widersprach auch Newtons früherer Annahme, dass Licht ein Teilchen sei. Es dauerte viele Jahre, bis Young ernst genommen wurde, und noch viel mehr Jahre, bis das scheinbare Paradoxon aufgelöst wurde – Licht wird nun sowohl als Welle als auch als Teilchen betrachtet.

Zu Youngs weiteren Beiträgen zur Mechanik und zum Ingenieurwesen gehören Arbeiten über Elastizität, Spannung, Oberflächenspannung, Kapillarität und Pendeldynamik, die in ihren jeweiligen Bereichen der Technik, Mathematik oder Physik relevant geblieben sind.

Medizin. Youngs primäre Ausbildung und frühe Tätigkeit war die eines hoch angesehenen Arztes, der irgendwie die Zeit fand, eigene Forschungen durchzuführen und wichtige medizinische Schriften und Beobachtungen in den Bereichen Hämodynamik (das Studium des dynamischen Blutflusses durch den Körper), Schwindsucht, Astigmatismus des Auges (eine Krankheit, die er entdeckte) zu veröffentlichen und sogar eine schnelle Formel zur Bestimmung der Medikamentendosierung für Kinder zu entwickeln.

Die Medizin war eine lebenslange Leidenschaft für Young, und er schrieb über sein medizinisches Fachwissen, nachdem er für einige seiner wissenschaftlichen Arbeiten kritisiert worden war: „Ich habe mich entschlossen, meine Studien und meine Feder nur auf medizinische Themen zu beschränken. Für die Talente, die Gott mir nicht gegeben hat, bin ich nicht verantwortlich, aber die, die ich besitze, habe ich bisher kultiviert und so fleißig eingesetzt, wie es mir meine Möglichkeiten erlaubten; und ich werde sie auch weiterhin mit Eifer und in Ruhe auf diesen Beruf anwenden, der stets das letzte Ziel all meiner Bemühungen war."

Linguistik. Auf charmante Weise veröffentlichte Young 1796 eine Dissertation, in der er auf den letzten vier Seiten beiläufig einen Leitfaden für ein universelles phonetisches Alphabet einfügte („um diese Seiten nicht leer zu lassen") und einen riesigen Artikel in *der Encyclopedia Britannica* mit dem Titel "Languages" verfasste, in dem er die Grammatik und den Wortschatz von 400

Sprachen zusammenfasste und dabei viele neue linguistische Begriffe prägte.

Seine bedeutendste Arbeit war jedoch die der altägyptischen Hieroglyphen, und er übersetzte einen Abschnitt (die „demotische" Schrift) des Steins von Rosetta vollständig, wobei er feststellte, dass sie sowohl aus ideographischen als auch aus phonetischen Zeichen bestand. Er schrieb auch über die Geschichte des Christentums in Nubien und war, trotz seiner eigenen klaren religiösen Überzeugungen, ein unparteiischer Beobachter. Obwohl Young mit anderen auf seinem Gebiet erbittert konkurrierte und es einige Kontroversen im Zusammenhang mit seinen Erkenntnissen gab, sind seine Gesamtbeiträge zu diesem Gebiet unbestreitbar.

Wenn wir Youngs Interessenspektrum betrachten, erhalten wir den Eindruck eines Mannes, der trotz Widerständen, Kritik oder Ablehnung seinen Neugierde nachging und der echte Befriedigung und Freude daraus zu ziehen schien, seine beträchtlichen geistigen Fähigkeiten bis zum Äußersten zu erweitern. Das Wort „Genie" scheint sicherlich angebracht, aber es ist auch klar, dass Young ein energischer, hart arbeitender und dynamischer Mensch war, der in seinem relativ kurzen Leben viel erreicht hat.

Der Mann, der dachte, also war er

Obwohl der berühmte Philosoph Rene Descartes vielleicht nicht einen so großen Umfang wie die anderen Universalgelehrten auf unserer Liste beanspruchen kann, hat er dennoch kolossale Fortschritte in der Mathematik, der Philosophie und dem wissenschaftlichen Prozess im Allgemeinen gemacht, und zwar in einer so durchdringenden Tiefe, dass sein berühmtes *„cogito ergo sum - ich denke, also bin ich"* heute als einer der großen Eckpfeiler in der Geschichte der westlichen Philosophie gilt.

Philosophie. Descartes war derjenige, der den Fokus auf die philosophische Frage lenkte, worüber wir sicher sein können. Im Wesentlichen ist die Idee, dass, wenn es Zweifel gibt, es einen Zweifler geben muss, was zweifelsfrei die Existenz des Zweiflers beweist. Wenn man sagt „Ich denke", muss es einen Denker geben.

Es gibt immer Grenzen und Zweifel, die mit unseren Sinnen verbunden sind, sogar mit unserer Rationalität – wer kann sagen, dass wir uns nicht in unseren Fähigkeiten täuschen oder irren oder getäuscht werden? Wenn wir jedoch ohne jeden Zweifel etwas bestimmen sollen, das wir mit Sicherheit wissen können, können wir mit dieser Maxime beginnen und wissen, dass wir im Grunde genommen existieren.

Descartes' Werk von 1637 mit dem Titel „Diskurs über die Methode" war ein Kraftpaket, das die grundlegenden Maximen der Untersuchung der Wissenschaften, den Beweis für Gott und die Seele, einen Ansatz für die Physik und das Herz und die Seele aller Wesen (Vielfraße neigen dazu, groß zu werden, wie Sie vielleicht bemerkt haben). Sein Werk wird auch heute noch studiert, und viele seiner Theorien und Konzepte sind eng mit einem Großteil des philosophischen Denkens verwoben, das ihm folgte.

Obwohl der Umfang dieses Themas den Rahmen einer hier möglichen kurzen Einführung bei weitem sprengen würde, können wir sagen, dass Descartes eine tiefe Haltung des Skeptizismus einnahm und nichts als gegeben hinnahm, was nicht bewiesen werden konnte – und auf dieser Grundlage und nur auf dieser Grundlage konnte eine solide Philosophie jeglicher Art aufgebaut werden. Aus diesem und anderen Gründen wurde Descartes gewissermaßen als Begründer der modernen Philosophie betrachtet und gab den Ton für viele Philosophen an, die in seinem Kielwasser folgten.

Seine *Meditationen der ersten Philosophie* waren ebenfalls einflussreich, und seine Formulierungen und vorgeschlagenen Prozesse des wissenschaftlichen und philosophischen Denkens werden noch heute diskutiert. Auch wenn es heute nicht mehr so erscheinen mag, ist die Tatsache, dass wir Geist und Körper als zwei verschiedene Entitäten betrachten, größtenteils Descartes' umfangreicher Arbeit an diesem „Problem" zu verdanken, und die Auswirkungen, die dies auf das westliche Denken hatte, sind unermesslich.

Mathematik. Descartes schuf das kartesische Koordinatensystem – dasjenige, das Sie jedes Mal verwenden, wenn Sie irgendeine Art von Diagramm erstellen oder lesen. Mit kartesischen Koordinaten kann ein Punkt in zwei Dimensionen durch zwei Zahlen in einer Ebene dargestellt werden; diese Konvention wurde in der linearen Algebra, der Differentialgeometrie, der Gruppentheorie, der analytischen Geometrie, der Infinitesimalrechnung und mehr verwendet. Jede geometrische Figur oder Gleichung kann transformiert oder in einer kartesischen Ebene dargestellt werden, was viele nützliche Auswirkungen hat.

Descartes erfand auch einen Weg, um die Anzahl der positiven oder negativen reellen Wurzeln eines Polynoms zu bestimmen. Die Konvention, x und y für Variablen in Gleichungen zu verwenden? Die Konvention, quadrierte Variablen mit hochgestellten Buchstaben darzustellen, also x2? Auch das war Descartes' Werk.

Wissenschaft. Descartes leistete einen großen Beitrag auf dem Gebiet der Optik (er entdeckte ein Gesetz der Brechung, das in seiner Abhandlung *Dioptrique,* genannt Snell's Law, beschrieben wird) und war allgemein einflussreich in der Entwicklung der modernen Physik. Er entwickelte ein Gesetz der Erhaltung und des mechanischen Impulses.

Er war der erste, der eine Theorie der Naturgesetze formell vorschlug, und seine erste war: „Jedes Ding bleibt immer in demselben Zustand; und folglich, wenn es einmal bewegt wird, bewegt es sich immer weiter." Das zweite war: „Alle Bewegung ist von sich aus entlang gerader Linien." Kommt Ihnen das bekannt vor? Diese wurden später als Newtons erstes Gesetz der Bewegung angepasst.

Der Baumeister der Pyramiden

Polymathie ist nicht nur ein Phänomen, das westlichen Intellektuellen in einer engen historischen Periode vorbehalten ist – es gab „Renaissancemenschen" lange, lange vor der Renaissance, und einer der allerersten Polymathen überhaupt stammte aus einer Region, die lange als die Wiege der Zivilisation galt: Ägypten. Imhotep (der Name bedeutet „der, der in Frieden kommt") war ein Arzt, Theologe, Hohepriester, Dichter, Ingenieur, Weiser, Wesir und oberster Minister von König Djoser, dem zweiten König der dritten Dynastie Ägyptens. Imhotep wurde im 27. Jahrhundert v. Chr. als einfacher Mann in einer Region etwas südlich des heutigen Kairo geboren.

Obwohl es heute schwer vorstellbar ist, waren die alten Ägypter eine intellektuell fortgeschrittene Zivilisation, die unglaubliche Fortschritte in den Wissenschaften und Künsten machte, während der Großteil der Welt noch einen eher primitiven Jäger- und Sammler-Lebensstil führte. Imhotep verdiente sich im Laufe seines Lebens viele Titel und Ehrentitel und wurde schließlich in seiner eigenen Zeit als Gott der Medizin und Weisheit vergöttert. Obwohl Imhoteps Errungenschaften immens sind, gibt es Grund zu der Annahme, dass es auch andere produktive Universalgelehrte seiner Zeit gab.

Medizin. Imhotep hatte einen bemerkenswerten Ruf als Arzt und Chirurg und konnte angeblich 200 Krankheiten behandeln und diagnostizieren, mit deren Behandlung andere Nationen noch Hunderte von Jahren später zu kämpfen hatten. In der Tat experimentierte Imhotep mit der Behandlung von Krankheiten mehr als 2000 Jahre vor der Existenz von Hippokrates, dem sogenannten „Vater der Medizin". Einer seiner wichtigsten Beiträge war die Idee, dass Krankheiten ein natürliches Phänomen sind und nicht, wie man damals glaubte, von den Göttern gesandte Strafen. Es gibt Dokumente, die sein Können bei der Heilung von Augenkrankheiten, Gallensteinen, Gicht, dermatologischen Problemen, Tuberkulose und sogar der Zahnheilkunde belegen, wobei er natürliche Extrakte verwendete, die zu dieser Zeit in Ägypten üblich waren.

Imhotep hatte ein umfangreiches Wissen über die menschliche Anatomie und Physiologie der verschiedenen Systeme des

Körpers, das für die damalige Zeit sehr fortschrittlich gewesen wäre. Darüber hinaus hat der Papyrus Edwin Smith, der ihm zugeschrieben wird, Historikern einen klaren Blick auf den Stand der altägyptischen Medizin und Gesundheitsversorgung gegeben.

Dieser Papyrus dokumentiert mehrere bedeutende Patientenfälle, darunter Kopfverletzungen und Stichwunden, sowie eine Fülle von anatomischen Begriffen und Behandlungen für eine Reihe von Krankheiten. Im Gegensatz zum damaligen Zeitgeist der Medizin bezieht sich diese eher rationale Abhandlung kaum auf Magie oder die Götter. Stattdessen finden wir hier die Anfänge einer medizinischen Ethik, die den Ärzten hilft, zwischen behandelbaren und unbehandelbaren Krankheiten zu unterscheiden.

Imhotep war bekannt für seine Entschlossenheit und Stärke, unbekannte Krankheiten mit Werkzeugen und Modellen zu bekämpfen, die für unser modernes Empfinden sehr begrenzt erscheinen würden. Imhotep leistete auch

Pionierarbeit bei einer Mumifizierungstechnik, die es erlaubte, die inneren Organe zu entfernen und in separaten Behältern zu konservieren.

Ingenieurwesen und Architektur. Die alten Ägypter schätzten diejenigen mit dem Talent für großartige Leistungen in den Bereichen Ingenieurwesen, Mauerwerk, Design, Geometrie, Mathematik und Bauwesen hoch ein. Imhotep war der berühmte Architekt der Stufenpyramide von Saqqara – Ägyptens erste Pyramide und ein nie zuvor versuchtes technisches Wunderwerk.

Die Stufenpyramide gilt weithin als eine der frühesten geschnittenen Steinkonstruktionen ihrer Größe und als das höchste von Menschenhand geschaffene Bauwerk auf der Erde zu dieser Zeit. Imhotep beaufsichtigte nicht nur den komplexen Bau der Pyramide selbst, sondern auch die dazugehörigen Höfe, Tempel, Pavillons, Säulenhallen und Schreine. Die neuartigen Kalksteintechniken, die bei dieser großartigen Konstruktion verwendet wurden, sind beeindruckend stark und haltbar und, da die Struktur *fast 5000 Jahre später* immer noch steht, ein Zeugnis für Imhoteps vorausschauendes Denken und Vision.

Von Imhotep ist auch bekannt, dass er ein ausgeklügeltes Bewässerungssystem schuf, das den Nil nutzte, um das Land auch vor längeren Dürreperioden zu schützen. Sein Vermächtnis umfasst auch viele wichtige Schriften über Religion, Poesie, Medizin und Architektur. Das alte Ägypten war über Tausende von Jahren eine blühende und hochentwickelte Zivilisation und wurde zu einem Zentrum von Wachstum, Entwicklung und Wohlstand. Imhotep, der eine der frühesten Säulen dieser großen Periode der Antike war, trug zweifellos mit seinem eigenen enormen Genie zu den Triumphen des alten Ägyptens bei.

Destilliertes Wissen

Lektion 1: Diversifizieren

Wer auch immer sie waren, in welcher Epoche der Menschheitsgeschichte sie lebten und was auch immer ihre Interessen und Beiträge waren, Polymathen hatten im Grunde alle die gleiche Gewinnstrategie: Diversifikation. Die Magie lag darin, dass diese bemerkenswerten Individuen immer mehrere Projekte am Laufen hatten. Es waren nicht ihre einzelnen Unternehmungen, die ihnen ihren Erfolg und ihren Ruf einbrachten, sondern die Kombination einer Reihe von Fähigkeiten und die fruchtbaren Bereiche *zwischen* den Feldern, die sie erkunden und nutzen konnten.

Viele der Polymathematiker auf unserer Liste hatten zeitgenössische Kollegen, die an denselben Projekten arbeiteten und im Fall von Thomas Young sogar gefürchtete Konkurrenten waren. Interessant ist jedoch, dass diejenigen, die sich nur einer Disziplin gewidmet haben, nicht so sehr verehrt werden wie diejenigen, deren Engagement zwar geringer war, die aber die frische Perspektive eines Geistes mitbrachten, der es gewohnt war, mit einer Reihe von Problemen auf verschiedene Weise umzugehen. Es liegt auf der Hand: Polymathen sind in der Lage, jedes Problem, in jedem Bereich, auf einer höheren Ebene des Verständnisses zu lösen. Sie tun dies nicht trotz ihrer geteilten Interessen und multiplen Projekte, sondern *gerade* deswegen.

Die Arbeit eines Experten auf einem Gebiet allein ist wie ein einzelner Punkt auf einer Seite. Fügen Sie nur einen weiteren Punkt, eine weitere Idee oder Perspektive hinzu, und Sie haben plötzlich eine gerade Linie. Ein Universalgelehrter hingegen fügt jedem Stückchen Information, das ihm begegnet, oder jeder Idee, die er produziert, Dimensionalität hinzu. Ihre Arbeit ist wie eine drei- oder vier- oder fünfdimensionale Figur, die sich in alle Richtungen ausdehnt, lebendig und komplex aufgrund ihrer dynamischen Verbindungen zum "größeren Bild". Es ist diese Fähigkeit zu übergreifenden Ideen, zu Gedanken, die immer irgendwie über den Tellerrand hinauszuschauen scheinen, die das polymathische Denken charakterisiert. Es ist kein Zufall, dass viele der wirklich paradigmenverändernden Durchbrüche der Menschheit nicht von Spezialisten gemacht wurden, sondern von lebendigen, bunten

Individuen, die scheinbar kein anderes Spezialgebiet hatten als „Dilettanten".

Lektion 2: Furchtlos sein

Wir sehen nur das Endergebnis des Lebens eines Universalgelehrten, manchmal aus einer großen historischen Distanz. Es kann den Anschein erwecken, als ob diese Art von Person fröhlich von Aufgabe zu Aufgabe huschte und mit Leichtigkeit Leistungen vollbrachte, während andere in Ehrfurcht dastanden und applaudierten. Die weniger glamouröse Wahrheit ist, dass Polymathen oft Einzelgänger sind, die trotz manchmal extremer Widerstände und Einmischungen aus dem Rest der Welt im Stillen für sich arbeiten. Viele der größten Wissenschaftler, Autoren und Ärzte der Welt mussten sich gegen Ignoranz, Angst, Politik und mehr wehren – und Polymathen sind nicht anders.

Alle unsere Beispiel-Polymathen erlebten bis zu einem gewissen Grad Zweifel, Kritik oder Spott von anderen. Der entscheidende Punkt ist, dass dies keine Rolle zu spielen schien. Für einen Polymath, der von einem tiefen inneren Drang nach Wissen angetrieben wird, ist das Unverständnis und die Missbilligung anderer nur ein kleines Hindernis. Aus diesem Grund sind auch so viele vollendete historische Persönlichkeiten bekannt, die lebenslange Meinungsverschiedenheiten mit anderen auf ihrem Gebiet hatten oder sich gegen ganze Disziplinen oder die großen Theorien wehrten, die sie jahrelang beherrschten.

Obwohl viele der Universalgelehrten auf unserer Liste das Glück hatten, keine finanzielle Unsicherheit ertragen zu müssen, stammten einige tatsächlich aus armen Verhältnissen, und viele entschieden sich bewusst für die Armut, anstatt eine Arbeit zu suchen, die sie von ihrer großen Vision ablenken würde. Wir können uns von dieser Einstellung inspirieren lassen: Universalgelehrte mögen zwar mit einem Genie ausgestattet sein, von dem viele von uns nur träumen können, aber sie waren dennoch Menschen, die sich den Widrigkeiten stellten und einen Weg fanden, das zu verfolgen, was für sie wichtig war.

Lektion 3: Authentizität suchen

Etwas, das diesen neugierigen und furchtlosen Geist begleitet, ist der Mut, der nötig ist, um wirklich man selbst zu sein. Polymathen streben nach neuen und einzigartigen Errungenschaften: frische Visionen, neuartige Horizonte und völlig originelle Kombinationen von Ideen. Sie tun dies, indem sie selbst faszinierende und einzigartige Individuen sind. Weiter oben in diesem Buch haben wir gesehen, dass es ein todsicherer Weg ist, sich selbst mit festen Etiketten zu definieren, um eine engstirnige, begrenzte Existenz zu sichern. Stattdessen widerstehen Polymathen der einfachen Definition und konzentrieren sich einfach darauf, das zu sein, was sie sind, dem zu folgen, was sie inspiriert, und ihre einzigartige Begabung in vollem Umfang zu erforschen.

Sie sind in vielerlei Hinsicht die Verkörperung des Geistes der „Wachstumsmentalität" – sie zeigen, was erreicht werden kann, wenn wir alle fixen Ideen loslassen, nicht nur darüber, was wir wissen können, sondern auch darüber, wer wir sein können. Sie sind schnell bereit, Fehler einzugestehen, denn je schneller sie zugeben, dass sie falsch liegen, desto eher können sie einen Weg finden, es richtig zu machen. Und in jedem Fall geht es für einen Polymath selten darum, Recht zu haben, sondern darum, Wissen zu erlangen.

Weil Polymathen von schierer Neugier und dem Willen zur Meisterschaft angetrieben werden, sind sie nur am Rande an Geld oder Ruhm interessiert. Das bedeutet, dass sie einen Traum noch lange verfolgen können, nachdem er nicht mehr profitabel oder anerkannt ist, und sie können auch dann noch brillant produzieren, wenn sie sich bereits reichlich Anerkennung verschafft haben.

Diese Hingabe an den Prozess des Lernens selbst, und nicht an seine äußere Belohnung, ist es, was Polymathen zu überraschend ehrlichen, geradlinigen und aufrichtigen Menschen macht. Sie haben einfach keine Zeit für Selbsttäuschung oder Ablenkung - diese Dinge stehen zwischen ihnen und der enorm aufregenden und geheimnisvollen Welt, die sie zu kennen und zu erforschen suchen.

Wichtige Erkenntnisse:

- Polymathen haben im Nachhinein betrachtet seltsame, verschlungene Lebenswege. Aber es gibt eine ganze Menge, das wir lernen können, indem wir einfach das Leben und die Herangehensweise einiger besonders bemerkenswerter Universalgelehrter aus der Geschichte analysieren. Sie zeigen, was durch eine Kombination aus Wissen, harter Arbeit und reiner Neugier, die gestillt werden muss, erreicht werden kann.

- Zuerst müssen wir mit dem berühmtesten Universalgelehrten von allen beginnen, Leonardo da Vinci. Er zeichnete sich in so ziemlich allem aus, obwohl Sie ihn wahrscheinlich für seine Kunstwerke kennen. Aber er war auch ein Militärstratege, Bildhauer, Anatom und Maschinist, um nur einige zu nennen.

- Johann von Goethe wurde als der Erfinder der deutschen Sprache bezeichnet, weil seine literarischen Werke so einflussreich und wichtig für die deutsche Kultur waren. Aber er fand auch Zeit, ein berühmter Botaniker zu werden, und stieg in den Reihen der deutschen politischen Struktur auf, um Kriegskommissar zu werden und eine Reihe von Steuerreformen zu beaufsichtigen.

- Thomas Young ist ein kurioser Fall, denn nur wenige Menschen kennen ihn namentlich, sondern kennen ihn als denjenigen, der Newtons Theorien widerlegt hat. Offensichtlich erforderte dies tiefe Kenntnisse der Physik und der wissenschaftlichen Methode. Young war auch eine der treibenden Kräfte hinter der Entschlüsselung der ägyptischen Sprache der Hieroglyphen durch seine Arbeit an der Übersetzung des Steins von Rosetta. All dies, trotz seiner primären Ausbildung als Arzt.

- Rene Descartes erfand die moderne Geometrie, war ein führender Physiker und einer der bedeutendsten westlichen Philosophen der Geschichte. Am berühmtesten ist er für seine Untersuchungen über das Wesen der Erkenntnis und was bewiesen werden kann und was nicht. Dies wurde schließlich auf die Aussage reduziert, dass, wenn jemand denkt, er existiert. *Ich denke, also bin ich.*

- Imhotep ist ein Name, der trotz seines Einflusses im alten Ägypten längst in die Geschichte eingegangen ist. Er war der Arzt der Pharaonen, denen er diente, und er war der Architekt für die ersten Pyramiden in der ägyptischen Geschichte. Seine Ingenieurskunst hörte jedoch nicht bei den Pyramiden auf, da er für einen Großteil der frühen Bewässerung verantwortlich war, die es der ägyptischen Zivilisation ermöglichte, die Kraft des Nils zu kanalisieren.

- Wir haben den Eigenschaften des polymathischen Geistes bereits ein Kapitel gewidmet, aber vielleicht wird es klarer, wenn wir diese Eigenschaften bei echten Menschen verfolgen. Wir kommen zu drei gemeinsamen Fäden der Vielfalt, der Furchtlosigkeit und des blinden Strebens: Vielfalt des Wissens, die eine größere Neuartigkeit innerhalb jeder Domäne ermöglicht, Furchtlosigkeit gegenüber neuen Ideen und Ansätzen, ohne verbissen an Konventionen festzuhalten, und das blinde Streben nach einem Ziel, das nur als Bedürfnis beschrieben werden kann, einen Juckreiz zu kratzen.

Zusammenfassung

- Wenn wir an das Wort „Polymath"
  denken, denken wir an Genies in der
  Geschichte, deren Leistungen wir nicht
  annähernd erreichen können. Das mag
  wahr sein, aber es gibt Wissensschätze,
  die wir aus dem Studium ihrer Ansätze
  und der Kombination ihrer
  Meisterschaft nutzen können. Ein
  Polymath ist jemand, der ein Experte auf
  mehreren Gebieten ist. Das mag wie eine
  zu starke Vereinfachung erscheinen,
  aber das ist die Essenz davon. Die Magie
  passiert jedoch, wenn diese mehreren
  Felder kollidieren und Ihnen helfen, sich
  zurechtzufinden, Probleme zu lösen und
  über den Tellerrand zu schauen.
- Der Ansatz, der in diesem Buch
  vertreten wird, ist, mindestens piförmig,
  idealerweise kamm- oder sogar

sternförmig zu werden. Dies steht im krassen Gegensatz zur T-Form. Horizontale Linien stehen für die Breite des Wissens, vertikale für die Tiefe des Wissens. Wer hat schon Zeit für so etwas? Nun, viele Menschen – und es gibt zahlreiche Studien, die die Effektivität von Teams mit unterschiedlichen Hintergründen, von Menschen mit einer Vielzahl von Talenten und die hohe Leistung von Menschen, die altes Wissen auf neue Situationen anwenden, belegen – Leonardo da Vinci, Elon Musk, Benjamin Franklin und Aristoteles, um nur einige zu nennen. Es wird angenommen, dass diese Art der Durchmischung tatsächlich die Renaissance in Florenz, Italien, verursacht hat.

- Es mag den Anschein haben, als würden wir bereits ein totes Pferd schlagen, aber die Bedeutung des Erwerbs von Wissensvielfalt kann nicht hoch genug eingeschätzt werden. Es gibt sogar ein Problem, das damit zusammenhängt, zu viel Wissen auf einem Gebiet zu haben, ein Dilemma der zu tief gehenden

Expertise. Dies wird als Einstellungseffekt bezeichnet und beschreibt im Wesentlichen den Mann mit einem Hammer, der alles als Nagel sieht. Je tiefer man in ein Fachgebiet eingetaucht ist, desto schwieriger ist es, andere Werkzeuge, Methoden, Ansätze und Perspektiven außerhalb des eigenen zu sehen. Ein Biologe wird nur biologiebezogene Probleme sehen, und so weiter.

- Der einfachste Weg, sich Polymathie vorzustellen, ist, sich die Arbeit am Fließband in einer der Fabriken von Henry Ford vorzustellen. Das heißt, jede Person hat nur eine Funktion und kann als solche jederzeit leicht ersetzt werden. Je polymathischer Sie sein können, desto mehr Funktionen können Sie bewohnen und desto weniger ersetzbar werden Sie sein.

KAPITEL 2. DER POLYMATHISCHE GEIST

- Die Menge an Wissen, die ein Polymath hat, kann sich völlig von der eines anderen Polymathen unterscheiden, aber in ihrem Kern sind sie sich extrem ähnlich. Das liegt an dem Antrieb, der Neugierde und der Offenheit, die nötig sind, um pi- oder kammförmig zu werden, im Gegensatz zur einfachen T-Form. Glauben Sie zum Beispiel, dass jemand wie Leonardo da Vinci auf ein Problem schaute, mit dem er nicht vertraut war, und sagte: „Darum wird sich jemand anderes kümmern, ich werde jetzt ein Nickerchen machen"? Wahrscheinlich nicht.

- Die erste mentale Eigenschaft von Polymathen ist extreme Anpassungsfähigkeit und Offenheit. Was auch immer das Hindernis ist, es kann umschifft oder umgangen werden. Es kann gelöst werden. Um dies zu erreichen, müssen Sie flexibles und einfallsreiches Denken verkörpern und dürfen nicht durch Konventionen oder persönliche Gewohnheiten gebunden sein. Sie müssen offen sein für neue Perspektiven und das Ungewohnte und Neue. Wer war zum Beispiel der erste Mensch, der sich die Euter einer Kuh ansah und dachte, dass man das, was herauskommt, trinken sollte?

- Zweitens leben Polymathen experimentell. Das soll nicht heißen, dass sie immer traditionelle wissenschaftliche Experimente durchführen; vielmehr wenden sie die wissenschaftliche Methode an, indem sie alles, was ihnen begegnet, analysieren und erforschen. Sie fühlen sich dabei sicher und wollen einfach neue Informationen gewinnen und ihre Neugierde stillen. Es ist fast so, als könnten sie sich selbst nicht davon abhalten, es zu tun.

- Drittens verkörpern Polymathen die Anfängermentalität, die eigentlich viel nützlicher ist als die Expertenmentalität. Wenn Sie ein Anfänger sind, haben Sie zehnmal mehr Fragen als Antworten. Und das ist eine gute Sache. Es bringt Sie dazu, zuzuhören, zu hinterfragen und tiefer zu graben. Experten tappen allzu oft in die Falle, dass sie annehmen, sie wüssten zu viel, was unweigerlich zu blinden Flecken führt. Die Denkweise des Anfängers sollte in Kombination mit kritischem Denken angewandt werden, und zusammen schaffen sie eine würdige Untersuchungslinie.

- Viertens: Polymathen haben einen Glauben an sich selbst. Ob es nun gut platziert oder wahnhaft ist, sie glauben, dass sie ihr Ziel erreichen werden. Viele Menschen sind ihre eigenen schlimmsten Feinde, wenn es um das Lernen geht. Aber das spricht für etwas noch Grundlegenderes: den Glauben an die eigene Handlungsfähigkeit, oder die Fähigkeit zu handeln und etwas zu erreichen. Das bedeutet, dass der Output gleich dem Input ist, innerhalb vernünftiger Erwartungen. Man kann ein Ziel nicht erreichen, wenn man nicht zuerst daran glaubt, dass man dazu fähig ist.

- Schließlich können Polymathen als unerbittlich beschrieben werden. Wie sonst würden Sie Menschen mit tiefem Wissen in mehreren Bereichen beschreiben? Unerbittlich zu sein kann definiert werden als das Überwinden von Hindernissen und Unbehagen um jeden Preis. Und doch ist oft der einzige wirkliche Preis, einfach nur unbequem zu sein. Polymathen haben ein Höchstmaß an Selbstdisziplin, denn bei Null anzufangen, selbst wenn man sich für ein Thema interessiert, ist schwierig, ermüdend und kann zu massiver Verwirrung führen. Aber so ist das Leben. Und sich mit dieser Ungewissheit wohlzufühlen, ist eine Fähigkeit, die einen unerbittlich zu Punkt B gelangen lässt.

KAPITEL 3. VOM NEULING ZUM EXPERTEN IN 10 SCHRITTEN

- Ich bin mir ziemlich sicher, dass Sie keine weitere Überzeugung brauchen, um ein Polymath zu werden. Anstatt also auf dem „Warum" herumzureiten, können wir uns dem „Wie" zuwenden, um ein Universalgelehrter zu werden. Das bedeutet, dass Sie Ihren Geist ausdehnen und in mindestens einer neuen Disziplin oder einem neuen Wissensgebiet bei Null anfangen müssen. Es wird ein mühsamer, anstrengender und frustrierender

Prozess sein. Aber es wird weniger von diesen Dingen sein, wenn Sie einen richtigen Plan haben.

- So kommen wir zu einem 10-Schritte-Prozess zum Erlernen eines neuen Themas von Grund auf. Eigentlich ist der Titel eines jeden Schrittes ziemlich beschreibend für den Prozess selbst:
  o Gewinnen Sie einen breiten Überblick.
  o Grenzen Sie den Bereich Ihres gewünschten Wissens oder Ihrer gewünschten Fähigkeit ein.
  o Definieren Sie, was Erfolg für Sie bedeutet und arbeiten Sie rückwärts, um einen Angriffsplan zu erstellen.
  o Stellen Sie die Ressourcen zusammen – achten Sie hier auf die Menge.
  o Erstellen Sie einen Lehr- und Lernplan auf der Grundlage aller gesammelten Ressourcen.
  o Filtern und kuratieren Sie die gefundenen Ressourcen basierend auf dem, was Sie erreichen wollen.

- o Tauchen Sie ein und lassen Sie sich von Informationen berieseln.
- o Nachdem Sie ein Grundverständnis für alles erlangt haben, erforschen Sie, spielen Sie und entdecken Sie die Grenzen Ihres Verständnisses mit Fragen.
- o Beantworten Sie die Fragen, die Sie im vorherigen Schritt formuliert haben, und stellen Sie die Verbindungen her, die Ihnen gefehlt haben.
- o Bringen Sie diese Fähigkeit oder Information jemand anderem bei, um Ihr Verständnis zu festigen, und auch als Spiegel, um zu sehen, was Sie noch nicht verstehen.
- Etwas, das unausgesprochen und doch allgegenwärtig in diesem gesamten Prozess ist, sind Notizen. Notizen fungieren im Grunde als Ihr zweites Gehirn. Hier schreiben Sie Ihre Erkenntnisse auf, stellen Verbindungen her, überprüfen und fassen Informationen zusammen. Wenn Sie Ihre Notizen richtig organisieren und optimieren, können sie die Struktur

Ihrer neuen Informationen oder
Fähigkeiten werden. Aber das ist ein
großes Wenn. So kommen wir zu einer
speziellen Methode des
Notizenmachens, die meine Wenigkeit
zusammengestellt hat. Sie ist nicht
einfach, aber genau das ist der Punkt.

- Die vier Schritte sind: (1) normales
Notieren mit so vielen Details wie
möglich, (2) Zusammenfassen der
Informationen in eigenen Worten,
Klären der Bedeutung und Notieren von
Fragen, (3) Verbinden dieser speziellen
Information mit der Lektion als Ganzes
und dann (4) Beantworten der
verbleibenden Fragen und erneutes
Zusammenfassen jeder einzelnen Seite
oder jedes Abschnitts.

KAPITEL 4. BEABSICHTIGTE ENTDECKUNG

- In diesem Kapitel geht es darum, was
genau es wert sein könnte, zu lernen
und polymathisch zu werden. Ja, es
stimmt, unsere polymathischen
Vorbilder schienen alle Talente sowohl
in den Künsten als auch in den

Wissenschaften zu besitzen. Das heißt, es gab meist eine Mischung aus Soft- und Hard Skills. Albert Einstein selbst war ein großer Verfechter des so genannten kombinatorischen Spiels, bei dem er, wenn er an einem besonders ärgerlichen Problem festhielt, dem Geigenspiel frönte, um den Kopf freizubekommen und andere Perspektiven zu finden. In der Tat ist diese Taktik etwas, das wir auch kanalisieren können, wenn wir darüber nachdenken, womit wir unsere Zeit verbringen sollen.

- Der Cartoonist Scott Adams hat den Begriff *„Skill Stacking"* geprägt. Dabei geht es darum, die beste Kombination von Eigenschaften und Fähigkeiten für Ihren speziellen Zweck zu entwickeln.

- Ein Skill Stack ist etwas, das Sie wahrscheinlich bereits besitzen. Er basiert auf dem Konzept, dass Sie sich nicht auf eine einzige Fähigkeit oder Fertigkeit verlassen können, um sich bei allem, was Sie zu erreichen versuchen, auszuzeichnen. Nur 1 Prozent von uns kann zu den besten 1 Prozent einer Fertigkeit gehören, und das werden wahrscheinlich nicht Sie sein. Daher sollten wir einen Skill Stack erstellen, der aus drei oder vier zusammenhängenden Skills besteht, in denen Sie die besten 10-15 Prozent erreicht haben. Das ist ein realistisches Ziel und wird Sie von Ihrer Konkurrenz abheben. Je einzigartiger, vielfältiger und synergetischer Ihr Skill Stack wird, desto beeindruckender werden Sie sein.

- Ein wichtiger Schlüssel ist, dass die Fähigkeiten miteinander verbunden sind. Das bedeutet, dass Sie sich nicht nur auf Ihre Stärken konzentrieren sollten, was Sie seltsamerweise zurückhalten kann. Werfen Sie einen Blick auf die Top-Performer in Ihrem Bereich, um zu sehen, welche verschiedenen Fähigkeiten sie besitzen. Wenn Sie wissen, in welchen Bereichen Sie Ihre Fähigkeiten verbessern wollen, ist es so einfach, wie ein paar Bücher oder Artikel zu lesen, ein paar Vorträge zu besuchen und ein paar grundlegende Kenntnisse zu erwerben. Allein dadurch sind Sie besser informiert und vorbereitet als 90 Prozent der

Allgemeinbevölkerung – das positioniert Sie als Experte! Dies ist die Anwendung des Konzepts der Polymathie auf die beste Weise für Ihre spezifischen Lebensumstände.

KAPITEL 5. AUF DEN SCHULTERN VON GIGANTEN STEHEN

- Polymathen haben im Nachhinein betrachtet seltsame, verschlungene Lebenswege. Aber es gibt eine ganze Menge, das wir lernen können, indem wir einfach das Leben und die Herangehensweise einiger besonders bemerkenswerter Universalgelehrter aus der Geschichte analysieren. Sie zeigen, was durch eine Kombination aus Wissen, harter Arbeit und reiner Neugier, die gestillt werden muss, erreicht werden kann.
- Zuerst müssen wir mit dem berühmtesten Universalgelehrten von allen beginnen, Leonardo da Vinci. Er zeichnete sich in so ziemlich allem aus, obwohl Sie ihn wahrscheinlich für seine Kunstwerke kennen. Aber er war auch

ein Militärstratege, Bildhauer, Anatom und Maschinist, um nur einige zu nennen.

- Johann von Goethe wurde als der Erfinder der deutschen Sprache bezeichnet, weil seine literarischen Werke so einflussreich und wichtig für die deutsche Kultur waren. Aber er fand auch Zeit, ein berühmter Botaniker zu werden, und stieg in den Reihen der deutschen politischen Struktur auf, um Kriegskommissar zu werden und eine Reihe von Steuerreformen zu beaufsichtigen.

- Thomas Young ist ein kurioser Fall, denn nur wenige Menschen kennen ihn namentlich, sondern kennen ihn als denjenigen, der Newtons Theorien widerlegt hat. Offensichtlich erforderte dies tiefe Kenntnisse der Physik und der wissenschaftlichen Methode. Young war auch eine der treibenden Kräfte hinter der Entschlüsselung der ägyptischen Sprache der Hieroglyphen durch seine Arbeit an der Übersetzung des Steins von Rosetta. All dies, trotz seiner primären Ausbildung als Arzt.

- Rene Descartes erfand die moderne Geometrie, war ein führender Physiker und einer der bedeutendsten westlichen Philosophen der Geschichte. Am berühmtesten ist er für seine Untersuchungen über das Wesen der Erkenntnis und was bewiesen werden kann und was nicht. Dies wurde schließlich auf die Aussage reduziert, dass, wenn jemand denkt, er existiert. *Ich denke, also bin ich.*

- Imhotep ist ein Name, der trotz seines Einflusses im alten Ägypten längst in die Geschichte eingegangen ist. Er war der Arzt der Pharaonen, denen er diente, und er war der Architekt für die ersten Pyramiden in der ägyptischen Geschichte. Seine Ingenieurskunst hörte jedoch nicht bei den Pyramiden auf, da er für einen Großteil der frühen Bewässerung verantwortlich war, die es der ägyptischen Zivilisation ermöglichte, die Kraft des Nils zu kanalisieren.

- Wir haben den Eigenschaften des polymathischen Geistes bereits ein Kapitel gewidmet, aber vielleicht wird es klarer, wenn wir diese Eigenschaften bei echten Menschen verfolgen. Wir kommen zu drei gemeinsamen Fäden der Vielfalt, der Furchtlosigkeit und des blinden Strebens: Vielfalt des Wissens, die eine größere Neuartigkeit innerhalb jeder Domäne ermöglicht, Furchtlosigkeit gegenüber neuen Ideen und Ansätzen, ohne verbissen an Konventionen festzuhalten, und das blinde Streben nach einem Ziel, das nur als Bedürfnis beschrieben werden kann, einen Juckreiz zu kratzen.

Lightning Source UK Ltd.
Milton Keynes UK
UKHW021951150722
405935UK00003B/83

9 781647 432669